福建省社会科学普及出版资助项目说明

福建省社会科学普及出版资助项目由福建省社会科学界联合会策划组织和资助出版，是面向社会公开征集、统一组织出版的大型社会科学普及读物，旨在充分调动社会各界参与社会科学普及的积极性、创造性，推动社会科学普及社会化、大众化，为社会提供更多更好的社会科学普及优秀作品。

乡村振兴的福建解读

——要『面子』更要『里子』

王连芳 著

海峡出版发行集团 | 海峡文艺出版社

图书在版编目(CIP)数据

乡村振兴的福建解读:要"面子"更要"里子"/王连芳著. 一福州:海峡文艺出版社,2022.2
ISBN 978-7-5550-2829-1

Ⅰ.①乡… Ⅱ.①王… Ⅲ.①农村一社会主义建设一研究一福建 Ⅳ.①F327.57

中国版本图书馆 CIP 数据核字(2022)第 024762 号

乡村振兴的福建解读
——要"面子"更要"里子"

王连芳 著

责任编辑	邱戊琴
出版发行	海峡文艺出版社
经　　销	福建新华发行(集团)有限责任公司
社　　址	福州市东水路 76 号 14 层
发 行 部	0591—87536797
印　　刷	福建新华联合印务集团有限公司
厂　　址	福州市晋安区福兴大道 42 号
开　　本	700 毫米×1000 毫米 1/16
字　　数	100 千字
印　　张	7.5
版　　次	2022 年 2 月第 1 版
印　　次	2022 年 2 月第 1 次印刷
书　　号	ISBN 978-7-5550-2829-1
定　　价	25.00 元

序

2019年，党的十九大报告正式提出了乡村振兴战略的实施要求，这是着眼党和国家事业全局，顺应数亿农民对于美好生活向往的民意，并对新时代的“三农”工作作了进一步具体深入的决策和部署。乡村振兴战略从国家层面对于乡村建设进行战略性、全局性、制度性的安排，是中国在乡村建设历程中一次具有革命意义的战略决策，无论在理论层面还是实践层面都是一个巨大进步。十九大提出的乡村振兴战略，按照产业兴旺、生态宜居、乡风文明、治理有效、生活富裕的总要求，建立健全了城乡融合发展的体制机制和政策体系，又明确了农民从“生活宽裕 ”到“生活富裕”的实际要求，可以说从制度保障到农村社会基本要求都有了具体的规划。

本书是2019年度福建省社科普出版及资助项目之一，讨论了乡村振兴战略的基本要求及实践现状，探讨了福建在实施乡村振兴战略中的行动及经验。实施乡村振兴战略，未来的中国将从根本上解决“三农”问题，从根本上解决当前中国农业不发达、农村不兴旺、农民不富裕的主要矛盾。但同时，我们都能够清醒地认识到，乡村振兴战略的实施是一项长期而艰巨的任务，坚持“以人民为中心”的乡村振兴战略本质上就是着力解决农民最关心、最体现直接利益的难题。中国特色的乡村振兴之路在福建实践过程中，不但努力提升广大农民的社会保障水平，而且通过各种方式的产业振兴、文化发展等来促进农业增产、农民增收，让广大农民共同走上富裕之路。

通过研究和总结福建乡村振兴战略实施过程中一些鲜活的成功

案例，有助于我们不断地总结经验、升华理论，最终形成能够辐射全国的乡村建设理论和经验，以点带面地推动整个国家的乡村建设进程。当前，中国的乡村建设正在如火如荼地进行中，每一个区域的乡村都具有其自身的特色和风格，挖掘深埋乡村的特色产业和文化底蕴，有助于乡村振兴战略实施进程的加快。当普适性的理论、经验和区域特色的发掘深入结合以后，越来越多的中国“桃花源”将会雨后春笋般出现，越来越多的中国“新农人”将会带领农村走上康庄大道，实现农民的共同富裕。

目　录

第一章　乡村振兴有深意

乡村振兴战略的实施，按照产业兴旺、乡风文明、生态宜居、治理有效、生活富裕的总体要求，有序推进乡村的建设和发展。这既有利于农业产业的发展，使农业从传统增量向提质的方向转变，又有助于乡村传统文化的传承与发展，与现代文化共同构成新时代的文明乡风，更重要的是通过培育新时代的职业农民，解决乡村治理问题，构建社会主义和谐社会。让数亿农民富裕起来，让广大乡村美丽起来，是体现农民幸福感和获得感的重要方式，是中华民族长时期来一直想解决却一直没有解决的大事情。在党的十九大报告中，乡村振兴战略的宏伟蓝图被明确绘就，“农业强、农村美、农民富”成为国家梦想和全国人民的向往。“农业强不强、农村美不美、农民富不富，决定着全面小康社会的成色和社会主义现代化的质量。”乡村振兴的良方已经开出，顺应了时代发展的要求，对当前社会进步中遭遇的顽疾对症下药，必然成为当代中国人不懈奋斗的目标。

链接　十九大对乡村振兴战略的要求

实施乡村振兴战略。农业农村农民问题是关系国计民生的根本性问题，必须始终把解决好“三农”问题作为全党工作重中之重。要坚持农业农村优先发展，按照产业兴旺、生态宜居、乡风文明、治理有效、生活富裕的总要求，建立健全城乡融合发展体制机制和政策体系，加快推进农业农村现代化。巩固和完善农村基本经营制度，深化农村土地制度改革，完善承包地“三权”分置制度。保持土地承包关系稳定并长久不变，第二轮土地承包到期后再延长三十年。深化农村集体产权制度改革，保障农民财产权益，壮大集体经济。确保国家粮食安全，把中国人的饭碗牢牢端在自己手中。构建现代农业产业体系、生产体系、经营体系，完善农业支持保护制度，发展多种形式适度规模经营，培育新型农业经营主体，健全农业社会化服务体系，实现小农户和现代农业发展有机衔接。促进农村一二三产业融合发展，支持和鼓励农民就业创业，拓宽增收渠道。加强农村基层基础工作，健全自治、法治、德治相结合的乡村治理体系。培养造就一支懂农业、爱农村、爱农民的“三农”工作队伍。

——摘自习近平《决胜全面建成小康社会 夺取新时代中国特色社会主义伟大胜利——在中国共产党第十九次全国代表大会上的报告》

2017年，党的十九大报告中明确提出乡村振兴战略，各地乡村建设的高潮频频掀起。在经过一系列乡村建设措施的有效实施后，农村风貌有了明显的改善，农民生产生活条件有了显著的提升。农村与农民的变化快速促进了农业的现代化转型，城乡差距开始逐步缩小，传统农村的衰败之势也得以改变。但是，一些地区因为对乡村振兴的对象、目标、动力、条件、方式等缺乏正确的认识，在乡村振兴实施的过程出现对象偏差、目标错位、动力不足、条件缺乏、整体规划缺失等各种问题。这不但无法达到乡村振兴所追求的效果，而且适得其反，造成乡村资源的浪费，导致乡村进一步的空心化、衰败化。福建始终走在改革开放的前沿，对于多项国家政策都能够深入结合本地特色，大胆规划、细致践行，取得了骄人的成绩。2017年以来，福建在践行乡村振兴的过程中一步步认清了对象、目标、条件，并且对其进行了充分的规划，取得了较好的成效。

一、乡村，中华文明源头所在

党的十八大以来，在以习近平同志为核心的党中央坚强领导下，省委省政府认真贯彻落实中央一系列决策部署，全面深化农村改革，深入践行精准扶贫精准脱贫方略，扎实推进农业农村现代化，农业农村发展取得新进展。全省农业综合生产能力稳步提升，农业发展方式加快转变，特色现代农业产业格局基本形成；农村公共服务和社会事业持续改善，农村教育、文化、卫生等各项事业快速发展，农村水、电、路、气、房和信息化建设全面提速；农业农村发展体制机制不断完善，农业农村改革“四梁八柱”基本建立；精准扶贫精准脱贫取得决定性进展，国定贫困人口基本脱贫；农民收入实现较快增长，城乡居民收入差距进一步缩小；农村生态文明建设显著加强；党执政的基层基础更加牢固，农村社会更加安定稳定。农业农村发展取得的重大成就和“三农”工作积累的丰富经验，为做好新时代“三农”工作奠定了良好基础。在中国特色社会主义新时代，乡村是一个可以大有作为的广阔天地，迎来了难得的发展机遇。我们必须抓住这一历史契机，顺势而为，乘势而上，不断开创“三农”工作新局面。

——摘自福建省委、福建省人民政府印发的《关于实施乡村振兴战略的实施意见》（2018年3月26日）

如今的乡村，成为许许多多出生在乡村却急于挣脱乡村，挣脱了乡村却又时时怀念的人的地方。当我们从工业文明的视角来评价乡村的时候，工业化、城市化无疑将乡村的生产生活甩出好几条街。因此，在年轻人的思想观念中，城市才是人们获取最大利益的场所，是施展抱负的最佳平台。然而，城市化与工业化进程的加快，使污染、雾霾、酸雨等各种资源与环境问题时常与城里人相伴。当财富不再是人们的唯一追求之时，人们开始对乡村展开了新一轮的评价标准制定。许多城市人开始怀揣着一颗好奇与敬畏的心，重新打量、体会乡村，并且逐渐发现了乡村越来越多独特的价值。尤其近些年，很多城里人为逃离纷乱的城市环境开始返回农村，找寻乡村那一份安宁，开发更适宜人们生活的农村发展方式，创造独具特色的思乡之情和乡村价值。

人的生命延续源自乡村

漫长的原始社会中，人类的祖先过着艰苦的原始共产主义生活，于是在根本没有城市的社会里，人们完全生活在乡村当中。乡村是大自然为人类修建的生命乐园，人类和自然界的生物共同诞生、生存和生活在这个乐园之中。人类不得不承认，哪怕建设的再完美的城市都无法与大自然之手创造的东西相媲美。在乡村，人们有能够与自己生命相互交融的动物和植物的共鸣，也在经历着自然界给予人类生命的体会与醒悟，让人类真正体验了生命从自然中来、回归自然中去的美妙。只是伴随着城市逐步的建设和发展起来，人们对于物质的追求越来越强烈，很多农民逐渐脱离了乡村，来到了城市。从此生命除了在乡村的延续以外，更加得到了在城市的延续和发展。

人的生存离不开乡村

虽然乡村整体处于一个落后状态，但不得不承认乡村广袤的空间给人类提供了赖以生存的食物和生产原料。我们都知道，任何一个人可以没有现在手中拥有的很多元素，如电脑、手机、豪车等，但是绝对不能没有食物。自然界通过乡村馈赠给人类如阳光、水、空气一样不可或缺的食物，使人类能够正常维持生命。乡村就像一座尘封已久但又蕴含丰富的宝库，在这里既能够找到不同的生产方式、生活方式、风俗习惯、民间信仰等，更能够看到每一个乡村的发展都是人与自然相处的历史画卷。相对于城市而言，乡村是拥有自给自足、自养自乐的自然魅力区域所在，城市的运转与生存是离不开农村的，是以农村为赖以生存的基础的。今天的乡村已经不仅是几亿人栖居繁衍的场所，也成为全国人民精神寄托的家园。除了从乡村获取必要的食物和生活所用以外，人们也开始从乡村汲取传统文化、精神营养。

在静谧的山村，山水之间，诗情画意，安静祥和，不堵不挤，任性而行。逃离了喧嚣的城市，躲避了工作的烦恼，似乎生活在乡村中变得简单、宁静。让子女离开山村，是父母一生培养子女的最大愿望，可子女如今却越来越多喜欢乡村的一抹安静。图为调研过程中拍摄的乡村老人幸福生活状态

人的文化起源于乡村

乡村有最贴近人类自然本性的文化，是人类在漫长的生产生活实践过程中积累和发展起来的文化。当自然元素逐渐融入乡村文化中以后，乡村文化与生命和生活交融在一起，构成了人类文明的基

图为正在田间劳作的农民

因。因此，淳朴和真实是乡村文化的精华所在，自然感和归属感是乡村文化的性质所在。不只是中华文明，人类文明的源泉都是农耕文化，而农耕文化的孕育与发展正是广大的乡村，乡村便成为现代文明的根和源。中华文明是在几百万个乡村中发展而来，由各具特色的文化单元共同聚合成的博大精深的中华民族传统文化。中华民族的五千年能够得以生生不息，正是依靠了植根乡村的传统文化不断传承和发展的力量。乡村文化始终以尊重自然、敬畏自然作为文明基础，从人类诞生那天开始就一直在寻求人与自然最为合拍的生产与生活节奏。在寻找节奏的同时，逐渐缔造了有利于生产、生活、生命、生态的健康文化状态。

二、乡村兴，国家强

人们经常说："人是铁，饭是钢，一顿不吃饿得慌。"可见，吃饭问题对每一个人而言都是日常生活中首要解决的问题。就是这个每个人的首要问题，对于国家而言，是最重大的民生问题之一。农业不发展，乡村不富裕，很容易就会遭遇全国"吃饭难"的问题，其他行业的发展更是无从谈起。可见，重视乡村、发展农业，国家的民生才有稳定的基石和光明的未来。

乡村不富裕就谈不上国富民强

这是人们都明白的道理。但是，由于传统思想观念作祟，以及其他种种复杂因素，新中国成立以后很多地方依然不重视农业的发展和农村的建设，农民的利益更是无从谈起。伴随着改革开放的进程加快，整个国家取得了一系列令人骄傲的成绩。但同时作为一个发展中国家来讲，大部分人口是生活在乡村的，数亿的农民还是处在温饱线上，甚至部分农民非常贫困，连温饱问题都没有解决。尤其是传统靠耕地种田已经无法维持当下基本生活的时候，农村的“空心化”现象出现了。中国特有的老人及儿童留守乡村、青壮年进城务工的现象，开始让许多乡村，尤其是相对比较贫困落后的乡村更加冷清，更加衰败。无论城市发展水平多高，城市居民收入多高，农民在乡村的处境是无法掩饰的，农民的贫困也是摆在面前的。即便从国家和政府的角度并不想出现贫富差距悬殊的现象，但是这种现象已然形成，并且不平等的公民待遇也自然成为社会不稳定因素的存在，从而社会公共治安也受到影响。如果农民都能够在家乡安居乐业、在乡村奉献建设，城市和乡村都会更加和谐、稳定。更重要的是，国家富强是在全国人民的共同富裕基础上形成的，仅靠城市富裕，而农村贫困是无法促成的。

伴随着社会的进步和城镇化的建设，我国农村人口出现大量转移到城镇的现象，一些村子人口越来越少，出现了“空心化”的结果。在乡村治理方面，“空心化”现象是一个较难解决的问题。图为由于“空心化”，乡村中因年久失修而濒临倒塌的房屋

即便生产条件相对落后，农村依然是一片和谐静谧的样子，当然也更加需要国家和政府政策的倾斜和扶持。图为正在进行的较为原始的耕作

乡村不和谐就谈不上国家富强

如今我们提出建设社会主义和谐社会，新农村建设付诸实施，尤其是乡村振兴战略的提出，是值得全国人民，特别是农民们期待的。更多“三农”政策能够落到实处，不被某些利益群体以一己之利、一阶层之利、一集团之利等利用，是乡村农民更加希望的事情，同时也是和谐社会与和谐乡村的重要体现。传统政策落地的过程中，偶尔会出现政策来到地方就开始变样甚至失效的情况，农民的利益自然就受到了损害。农民的满腹委屈与怨声载道，不得不引起政府部门的重视，因为只有保障农民的各项利益和乡村的和谐稳定，才能实现新农村建设的目标。随着社会的进步，农民物质及文化水平逐步提升，乡村对于安全与和谐的要求越来越高，并且越来越迫切。随着政治文明的建设，民主在农民群体中不断彰显，农民也逐步认

识到维护自身合法权益的重要性和迫切性。平安是乡村发展的基础，民主是社会公平正义的体现，而平安和民主都是和谐乡村的目标所在。当和谐乡村建设的要求放到实现中华民族伟大复兴的“中国梦”当中去谋划，让乡村和谐起来，确保乡村的长治久安以及社会安定，才是一个国家真正富强的标志。

乡村不美丽就体现不出国家强大

伴随着人们生活水平和整体素质的提升，人们对于城市，尤其是对于一些工业城市的生态环境问题越来越无法忍受。相对于城市而言，乡村一般没有较为严重的“三废”污染现象，无论是建设美丽乡村、保护生态环境、走出绿色之路都具有明显的优势。但同样与城市相比，生活在乡村的农民文化水平和整体素质大多远不及城市居民，故而在卫生与健康认知、基础生活设施建设、人居环境的清理等问题上忽视严重。正是这些方面的忽视，使得乡村距离“美丽”的要求更加遥远，尤其是对于部分贫困的村落而言，守护绿水青山远不如不惜代价向山水要财富来得更现实。可见，如果不在乡村的绿水青山上多下“绣花”的功夫，例如开展“厕所革命”整治人居环境、促进乡风更加文明、推进乡村生态文明建设等，那么人们认知中“小桥流水人家”的美丽就无从谈起。

图为保住绿水青山带来金山银山的永福茶园景色

三、福建乡村的蝶变

在国家实施乡村振兴战略以后，福建省各级政府相继出台实施乡村振兴的各种利好政策，福建农村也迎来了难得发展机遇。一个个美丽乡村的画卷在福建乡村徐徐展开，产业兴旺、生态宜居、乡风文明都印证着乡村的发展和农民生活的改变。

脱贫攻坚更加重视对于全区域的谋划与开发。福建省大田县立足当地高山生态资源和茶产业发展优势，加快特色品牌建设，加快茶旅融合发展，加快全产业链升级，促进茶业提质增效、茶农持续增收。图为大田县大仙峰・茶美人景区

乡村富裕离不开脱贫攻坚

乡村振兴最终追求的目标是生活富裕，也就是说乡村振兴战略最终的实践效果要以农民生活的富裕程度作为评价标准之一。但传

统农村距离生活富裕还是有一定距离的，如农民收入增长较慢、农村居民恩格尔系数居高不下、城乡居民收入差距依然较大等。只有广大农民不断实现乡村富裕的目标，与全国人民共同进入全面小康社会，才是乡村振兴战略的终点。福建传统贫困村的经营方式多以单家独户的种植、养殖、加工等作为主要生产方式，没有组织化、规模化甚至机械化，生产方式极为落后，更谈不上什么品牌。乡村突出的经济发展空白问题成为制约乡村发展和农民富裕的一个重要阻碍。

福文化是我国土生土长的一种民俗文化。过去的福文化往往指“福气”“福运”，现在人们对福的理解更多偏向于“幸福”。无论何时，中国传统的老百姓都希望未来生活能够幸福，期盼着幸福的到来。福文化寄托了人们对于幸福生活的向往和期待，也是对未来美好生活的期盼。“做大福”本是传统祭祀文化，伴随着乡村逐渐富裕起来，人们对于该活动越来越重视，逐渐演变为群众娱乐性的民间民俗活动。图为永定湖坑乡民众“做大福”的壮观景象

福建省正是依托全省每个地区不同的产业基础和资源优势，发挥长线和短线相结合的产业发展方式，用短线让贫困农民快速取得收益，用长线来助力整个村庄产业的发展，保证全体村民都有长期稳定的收入。可见，脱贫攻坚不仅仅是让贫困的农民摆脱贫困，更是要谋划全区域的共

同发展，让所有农民越来越富裕。福建省印发的《关于实施乡村振兴战略的实施意见》中明确指出了“把提高脱贫质量放在首位，建立稳定脱贫长效机制，做好实施乡村振兴战略与打好精准脱贫攻坚战的有机衔接”，产业发展与精准扶贫、金融扶贫有机融合，使利好政策既涉及贫困村和贫困户，同时也向非贫困村和贫困户开放。这种方式能够有效激发基层群众的内生动力，既解决了贫困落后的疑难杂症，也实现了乡村振兴政策的实施。

乡村振兴让乡村强起来、和谐起来

中央政府工作报告明确提出：做深做细农业供给侧结构性改革，要求扩大优质、特色、绿色农产品的有效供给，完善现代农业产业、生产和经营体系。可见，国家对农业发展提出了更高的要求，并且从中也可以看出乡村振兴战略对产业兴旺的期望所在。为了促进产业兴旺，让乡村强起来，福建提出“拓展功能融合一二三产，支持主产区农产品就地加工转化增值，开发农业多种功能，延长产业链、提升价值链、完善利益链”，从而全面提升农业经营的主体地位，实现“企业+合作社+农户”的农业发展格局。由此，乡村从特色产业发展过程中逐渐变得越来越强。

在促进农村一二三产业融合的探索过程中，田园综合体是福建采取的一个有效方式。田园综合体的打造使乡村的基础环境得以改善，产业特色和文化特色得以凸显，民俗风情和民族特色得以传承和发展，一县一业、一村一品的产业竞争力得以彰显，从而在不知不觉促进农业增效的过程中，大大促进了农民的增收。乡村的和谐与否，很大程度上与农民的富裕程度和文化水平相关，而农业产业的发展使农民富裕起来，进一步提升了农民的整体文化素质，使乡村的和谐成为必然之势。

乡村振兴让乡村更加宜居

伴随着乡村振兴战略的实施，在福建出现了一个又一个主题鲜明、文化突出的美丽乡村。美丽乡村的建设为农民提供了更加舒适的生产和生活环境。福建不但提出“坚持不懈推进农村‘厕所革命’，大力开展农村户用卫生厕所建设和改造，推动全省村庄农房配备三格化粪池，加快实现农村无害化卫生厕所全覆盖”，还从产业与人居环境的结合方面，提出了“积极开发观光农业、游憩休闲、健康养生、生态教育等绿色生态产品和服务，打造绿色环保的生态旅游产业链”。相对而言，深度贫困地区的乡村基础设施和基本社会服务较为欠缺，但通过一系列政策与制度相结合的措施，各地有序推进了污水处理、厕所改进、村容村貌的整治等，把乡村的环境卫生短板尽快补齐了。

在“绿水青山就是金山银山”的理念指导下，乡村越来越重视生态环境的建设，并且随着农民文化素质的逐步提升，乡村的人居环境越来越好。生活在乡村的人们在美好的生态环境中更加能体会农村生活的幸福。图为龙岩才溪纪念馆前百亩红军公田的荷花，盛开的滋润靓丽之时。整片荷塘里的荷花，千姿百态，鲜艳夺目，为红色景区及当地民众带来蓬勃生机

如今福建很多乡村已经不是传统的农民“求生存”的地方，而出现了“求生态”的变化，已经不是传统的“盼温饱”的状态，而是“盼环保”的美好生活需求。乡村环境整治工作贯穿于乡村振兴战略实施的全过程，使百姓富和生态美有机结合起来。龙岩市在2016年《龙岩市新型城镇化和美丽乡村建设三年行动计划》中就已经明确提出了“发掘文化资源，延续历史文脉，利用当地风土、风

物、风俗、风景等文化资源，打造人文特色鲜明的名镇……打造具有‘现代骨、传统魂、自然衣’的新型乡镇”的要求，并且已经按此开始深入实践。如今，已经形成了围绕红色文化、客家文化和绿色文化相结合的一体化乡村建设格局，取得了较好的成绩。

后坊村是一个自然生态环境优美的清新古村，位于漳州市长泰县马洋溪生态旅游区核心地带，面积 19.25 平方公里，距厦门 39 公里、漳州 29 公里，离厦成高速天柱山互通口仅 6 公里，交通十分便捷。2013 年，后坊村成为中国福建（漳州）美丽乡村博览会活景实态展现乡村之美的现场观摩点之一。2014 年，被列为福建省首批闽台乡村旅游十大合作试验基地之一，并被农业部授予“中国最美休闲乡村”荣誉称号。2015 年，荣获福建省“乡村旅游特色村”荣誉称号

乡村振兴中的闽台乡村融合发展

结合本地特有的区域优势，福建乡村振兴的重要措施之一就是闽台乡村的融合发展，这也是闽台融合发展的新领域。“促进闽台农业深度对接，提升台湾农民创业园、闽台渔业产业园、闽台农机合作产业园、海峡两岸现代林业合作实验区等建设水平，加强两岸青年农民交流，吸引台湾青年农民来闽投资、创业和发展。”福建提出了一系列推动闽台乡村融合发展的新方式、新路径。在传统闽台农业合作的基础之上，更加重视与台湾的创意农业、农业产业园发展方式、现代林业合作区等的深入合作，更加重视吸引台资注入和台湾青年农民来闽创业。

截至2017年底，福建累计批办台资农业项目2636个，合同利用台资38.3亿美元，实际到资21.8亿美元。相对于大陆，台湾在乡村振兴方面具有更为丰富的实践经验，休闲农业、精致农业、民宿旅游等各方面都有了深厚的前期积累。而福建的优势，则在于丰富的自然资源、广阔的发展天地和尚待开发的农村市场。也正是乡村振兴战略的实施以及福建出台的利好政策，吸引了很多台湾青年到福建从事农业建设。这样一来，台湾的先进经验被带到了福建，加快了乡村振兴的进程，并逐渐普及全国。另外，也拓宽了台湾民众广阔的就业和创业天地，使闽台融合发展更进了一步。

第二章 “三农”进入新时代

“乡村振兴”战略是社会主义新农村建设要求的升级版。战略总体要求乡村建设在内容、内涵上比新农村更加丰富，既包含了经济、社会的转型发展，又包括对科技、教育、文化、环境的总体要求和全面复兴。这是农业全面转型、农民全面进步、农村全面发展的战略新时代。因此，乡村振兴战略更加重视新时代下利用现代化的技术和手段培育的新产业、新业态，不仅是“生产发展”，而且是涉及全面的“产业兴旺”。新农村建设中要求“村容整洁”，只对脏乱差提出了治理要求，以“生态宜居”来替代这项要求，就对农村人居环境提出了在绿色发展基础上更加舒适的要求。“治理有效”替代“管理民主”是乡村振兴战略对农村社会治理强化和创新的要求，可让农村社会治理更加科学高效，满足农村居民需要。乡村振兴战略中“生活富裕”的要求是与全面建成小康社会的目标和全面建设社会主义现代化强国的新目标相呼应的，比社会主义新农村要求的“生活宽裕”更能体现农民生活的富裕和美满。新时代的

整洁的村容

“乡风文明”要求在内容上有了进一步的拓展，且在文化领域有了更深一层的要求。相对而言，乡村振兴战略内容涵盖更加广泛、目标更加明确、各项要求更加清晰，是对农业农民农村在新时代提出的新要求。

链接 永定县湖坑镇南江村：将“美丽”转化为“生产力”

美丽风景化身“美丽经济”的永定实践

（记者：唐亚新 通讯员：刘永良 文/图）

将“风景”变成“产业”，将“美丽”转化成“生产力”，南江村成为永定一道亮丽的风景线。

“红色小延安”的蝶变

“过去我们村十分落后，一片脏乱差。”江道明告诉记者，从 20 世纪 30 年代开始，包括南江村在内的湖坑镇南溪片区，一直是一片红色热土。1942 年前后，闽粤边工委机关干部和电台工作人员转移到南江村等地进行开荒生产、架设电台，并与延安保持联系，革命烈火熊熊燃烧。南江村也由此成为闽粤边革命活动的领导中心，赢得“小延安”之美誉。

然而，受限于地理位置、交通等原因，南江村山多地少，村民收入微薄，深山中的“小延安”在很长一段时间内，发展得都不理想。

除了红色资源，位于南溪“土楼沟”景观中心的南江村，本身即拥有数百年的历史。村子的面积不算大，却完好地保存有 30 多座客家韵味十足的明清建筑，村内 23 座建筑风格兼容并蓄的土楼更是其中的精华。民居祠堂、书屋古井、客家风情一应俱全，翠林碧溪、水稻梯田、自然景观交相辉映。

与土楼群修缮保护同步的，还有村里的美丽乡村建设

2006 年，依山傍水的南江村开始着手进行村庄整治、建设新农村。从党员干部带头，分片义务清理河道、公共区域垃圾，到全村参与、合力共建，如今，参与美丽家园建设已成为村民们的共识和自觉。拆除了空心房猪圈和旧茅厕，并利用拆后土地建设停车场、农民公园、垃圾池和游览步道等，全村环境大为改观。

旧貌换新颜，引来游客，富足村民。南江村一跃成为全国宜居示范村、全省新农村建设百村示范联系点、全省美丽乡村建设经验学习借鉴典型村、成为乡村旅游的好去处。

产业兴带动村美民富

“村干部和党员带头发展生产，看到有效益，村民自然就跟着种了。”南江村村民江建波说，日益增长的游客带旺了特色种养产业，他自己种了30亩早柿、30亩生姜作为示范基地。此前，南江村村两委请来农业专家，引导村民嫁接改良4000多亩的柿子品种，培育早熟柿子；随后又对3000亩竹山进行标准化改造，并在竹山养羊，提高综合生产效益；此后又引进了数百亩生姜、百香果等特色果蔬种植。如今全村已有200多人从事规模种植业，村里的每个特色产业都有了示范基地。

“美丽乡村，不能止于外表，对农民来说，收入的稳步提高才是看得见摸得着的实惠。”永定区副区长卢文阶介绍说，不单是在南江村，如今永定全区都将生态环境保护与景区旅游开发相结合，依托土楼旅游、红色旅游，促进现代化的农村产业发展。与此同时，永定还依托生态自然环境、特色产业、民俗民风、农村居住环境等资源条件，发展农村休闲旅游产业，铺开了一幅“点有风情、线有风景、面有风光”的美丽乡村新格局，将“美丽风景”源源不断地转化为“美丽经济”。

——摘自《福建日报》2017年11月15日15版

毛泽东同志向来对农业较为重视，尤其关注中国的粮食问题。他曾经明确指出“农业关系到五亿农村人口吃饭问题，吃肉吃油问题，以及其他日用性农产品问题……农业搞好了，农民能自治，五亿人口就稳定了”。新中国成立以来，中国始终致力于提升粮食自给率。20世纪80年代，中国政府向世界宣布基本解决了温饱问题。自此，中国牢牢守住耕地红线，保障了粮食供应的稳定，并向全世界证明了中国虽然作为最大的发展中国家，人口众多且对粮食需求量很大，但是并未对全球粮食构成任何威胁。从起初的粮食受援国到现在的粮食技术输出国，中国农业发展实现了大踏步前进，并且农作物的种植、灌溉、机械化等技术也成为“一带一路”沿线粮食短缺国家的技术支援。伴随着新时代的到来，中国在让世界五分之一以上的人口吃得饱、吃得好的同时，也为全球的农业发展和粮食安全贡献了中国方案。

> **坚持不懈稳定粮食生产。**推动藏粮于地、藏粮于技落实落地，确保粮食播种面积稳定在16.5亿亩。将稻谷、小麦作为必保品种，稳定玉米生产，确保谷物基本自给、口粮绝对安全。完善稻谷、小麦最低收购价政策和玉米生产者补贴，完善粮食主产区利益补偿机制，健全产粮大县奖补政策。加强灾情和病虫害监测预警，深入推进绿色优质高效行动，鼓励粮食规模化生产，培育农业社会化服务组织，增强风险防范能力。严守耕地保护红线，全面落实永久基本农田特殊保护制度，确保永久基本农田保持在15.46亿亩以上。强化粮食安全省长责任制考核。
>
> ——摘自中央农村工作领导小组办公室《农业农村部关于做好2019年农业农村工作的实施意见》

一、走自己的路，建品牌农业

新中国成立初期，全国农业发展缓慢落后，粮食局面极其困难。在内有减产的忧患，外有重重封锁的压力之下，中国依然坚持将农业发展与粮食命脉掌握在自己手中。刚刚诞生的新中国，在百废待兴、一穷二白的基础上，出台了减免公粮、推广良种、稳定粮价等各种措施，短短两三年的时间就已经使国家粮食库存大大增加，奠定了新中国粮食安全的稳定基础。改革开放以来，改变了束缚农村生产力发展的传统生产关系，中国农业发展又注入了新的活力。改革开放极大地调动了农民的积极性，农村经济和粮食生产都发生了根本性变化。江泽民同志也曾强调“如果农业和粮食生产出了问题，任何国家也帮不了我们。靠吃进口粮过日子，必然受制于人”。新世纪以来，中国共产党依然坚持农业的基础地位不动摇，并且在2006年全国农民告别了在中国存在2600多年的田赋税。农业税的取消，又一次解放和发展了农村生产力，更加调动了农民的生产积极性。可见，中国共产党始终将农业与粮食问题置于关键位置，并相继出台各种举措来促进农业发展，走出一条自己的农业发展之路。

2006 年，国家免除农业税的政策，给河北灵寿农民王三妮带来了实惠，也带来了铸鼎的冲动。历时一年多，由他自己设计铸造的“告别田赋鼎”面世。“告别田赋鼎”由青铜铸造，通高 99 厘米，最大直径 82 厘米，重 252 千克，鼎腹上部是《告别田赋》铭文，共计 560 字

粮食安全是农业发展的头等大事

2004 年以来，中国粮食出现历史罕见的“十二连增”，粮食更是满足了全国的需求保障。但是不能因为连年丰收就对农业有丝毫放松，农业在社会发展过程中也逐渐暴露出了各种问题，如农业面源污染严重、农业用水不可持续、土壤肥力连年下降等。因此，为了保证农业的可持续发展，领导人提出了“生态功能和农业地位重要的地区，要着力保护好生态，增强农业综合生产能力，因地制宜发展优势特色产业”①。党的十八大以来，中国又形成了一系列对农业发展和粮食安全具有重要意义的理论创新和实践体系，走出一条具有中国特色是农业发展和粮食安全之路。除此之外，中国在近 100 个国家建立农技示范中心，将中国农业机械化、食品加工等众多技术依靠数万相关领域的专家传播出去，并帮助这些国家培养了大批

① 习近平，《在中央经济工作会议上的讲话》（2014 年 12 月 9 日）。

相关技术人员。如今，杂交水稻技术已经成为联合国粮农组织解决发展国家粮食短缺问题的首选技术，这个来自中国的农业高科技育种技术，正悄然改变着世界。

数据显示，近年来我国杂交水稻的种植面积为1700万公顷，占全国水稻总面积的五成多；全国水稻平均单产每公顷约6.4吨，其中杂交水稻每公顷约7.5吨。袁隆平说，杂交稻比常规稻增产20%左右，每年增产的粮食可养活7000万人。图为袁隆平向外国朋友介绍杂交稻栽培技术（隆平高科提供）

农业是农村发展的基础所在

我们都知道的一个道理是：经济基础决定上层建筑。产业兴旺是乡村振兴的基础，农业则是农村的基础。如果一个乡村没有好的农业作为产业支撑，那乡村振兴的愿望就成为无源之水，是不会实现的。即便是国家和政府更好的政策与更大的投入，也只是对乡村起到了“换血”的作用，乡村要振兴必然要实现自身的“造血”。“造血”对于乡村而言，最重要的就是因地制宜、立足本地，将农业首先建设和发展起来，一旦农业成为有奔头的产业，其他衍生产业也会随之发展起来。各地特色不同，搞特色农业是实现因地制宜发展农业的一个好方式。但农业发展不能搞统一模式，不能搞“一刀切”。特色农业的发展，可不是毫无章法的随意为之，这需要将本地特色、区域优势、乡村建设与农民意愿有机结合起来，从而实现高质量发展。

农业也需要品牌的建设

米脂小米：美人禅

在过去，小米杂粮是边缘农产品品类。跟大米比起来，小米少得可怜，且影响力较小。但是随着这些年消费者对养生、健康的认识提高，中国的小米杂粮品类的销售速度加快，甚至呈现逐年翻番的增长态势。

中国产小米的地方很多，山西、河北、陕西等多地都盛产小米。那么，陕北米脂县的小米如何在众多同类品中脱颖而出呢？这与米脂县的小米杂粮产业规划有重要关系。

米脂县有特别好的历史口碑，那就是“米脂的婆姨，绥德的汉”。米脂是历史上有名的美人故乡，传奇的米脂县给中国的文学文化历史留下了很多精彩的故事。于是，米脂县走出一条和消费者有关的创意品牌之路，就是利用美人策略。漂亮健康的美是诸多女性非常向往的追求。而这些消费者恰恰就是小米杂粮最大的购买者，此外很多的家庭主妇也会购买小米杂粮给家人和自己滋补改善身体。过去小米杂粮作为农产品的形象一跃成了集时尚感和文化历史感于一体的健康体现，成为农业品牌一个成功的案例。

在这个品牌的包装上有美人——体现健康营养，有品牌名称——美人禅，素食主义的感觉与人们当前重视的健康养生巧妙结合。品牌在这里传递的已经不只是一个产品，而成了一种生活态度、生活哲理和生活哲学，与传统农产品品牌具有相当大的区别。

可见，一个普通的农产品，只要能够准确定位，找准独特性，那营销方式及品牌所带来的结果也会有很大的变化。

农业要发展，必然需要一个叫得响的名字，这就是我们常常讲到的品牌。品牌能够给农产品注入新的活力，带来更多、更大的可能性。具有品牌的农产品不仅销路更宽，而且更重要的是通过品牌力量提升了产品的质量、单价和附加值。可见，农业也必须要有自己的品牌，利用区域品牌发展特色农业，并且通过品牌来促进农业更迅速、更高质量的发展。相对而言，农业想要做出品牌，尤其是中国这样的发展中农业大国的农业想要做出品牌，实则很难。这就需要在以下几个方面下大功夫——第一，发掘区域特色资源。除了深加工的农产品以外，绝大部分农产品具有明显的地域差别和品类属性，这些农产品往往会因为地域的差异而出现品质和特色的差别。因此，发掘区域特色资源是创建农业品牌的首要内容。第二，注入区域特色文化。无论什么农产品都是从田间地头而来，最终结果都是走向千家万户的厨房餐桌。如果农产品想要提高价格走得长远，挖掘、打造、提炼和借助文化力量使农产品增值是一个较为可行的方式。第三，塑造外在形象品质。品牌同样需要让产品在外的形象上与其他同类农产品表现出差异，同时用外在形象彰显和提升内在价值。第四，农产品彻底深加工。农产品市场具有高度同质化的特征，越常见、越是生鲜的农产品，同质化越严重，相对而言价格和附加值也就越低。于是，将农产品进行深加工，改变农产品原有形态，形成独具特色的品牌产品，成为农产品增值的好途径。

武夷山水

源武夷 达天下

福建南平最大的特色是绿色，最响亮的品牌是武夷山。基于此，南平市大力实施“武夷”品牌建设工程，从优质农产品入手，统一质量标准、统一检验检测、统一营销运作，着力构建价值清晰、形象统一、品质可靠的“武夷山水”区域公用品牌。并于2018年7月26日发布首批编制该品牌标准农产品。南平的区域农业把生态资源优势转化成质量品牌优势，以品牌引领新供给、创造新需求、激活新动能

一公斤鲜辣椒价格约为1.2元；晒制成干辣椒后，收购价格约为每公斤5元；把1公斤干辣椒制成辣椒酱，市场价格最高也不过10元左右。同样的辣椒，换成深加工方法，得到的是令人振奋的新答案：1公斤干辣椒中可以提取辣椒红色素40克、辣椒精10克、辣椒籽油60克，还可以提取辣椒碱，剩余的椒粕和籽粕等下脚料作饲料卖。这样一来，1公斤干辣椒能增值到35元，是干辣椒价值的整整7倍！

总之，发展品牌农业是农业发展方式的重要选择，但具体应该以什么方式来发展品牌并非一定之规。农业品牌的建设首要考虑的是将品质作为最基本的要求，继而衍生和发展各种可能的方式和途径，最终找到最为合适的农业品牌发展之路。在“三农”迎来新时代的时期，农业品牌建设也迎来了历史性的政策风口，区域农业品牌、农业企业品牌、农产品及深加工品牌等诸多知名农产品品牌频繁出现。但相比中国的体量庞大的农业体系，这些品牌依然是少之又少。伴随中国经济逐渐发展成世界第二大经济体，中国的工业、

制造业、互联网、能源等很多在世界五百强占有一席之地，但农业品牌在其中极为罕见。中国从农业生产大国向农业品牌强国的转型，可谓路途艰辛、挑战巨大，需要集全国智慧与力量寻找更多的新方法、新思维、新技术，才能在未来道路中抓住机遇，发展农业品牌。而从地方政府的角度来看，往往更加侧重把区域公用品牌作为政绩工程来体现，品牌价值突出了，各种评比上榜了，可是区域品牌依然没有在市场上找到自己的定位，甚至出现无法销售出去的后果。显然，这只是品牌领域非常粗浅的一步，地方政府最应该重视的是建设了区域品牌之后，如何让其发展成为行业的龙头企业。

二、重回乡村，做长寿的中国小农

几千年来，中国奠定了农民生活在社会最底层的基础，虽然农民地位并不高，却是社会的基石，是供养上层建筑的保障。也正是这种生活状态和社会角色，造就了农民任劳任怨、坚韧不拔的精神。

在乡村生产和生活的农民也可以浮现满足的笑容

自古以来，中国就是一个农业大国，且是小农大国，家庭承包农户一直是农业经营的主体，这在今天看来表现得尤为明显。十九大报告中明确提出，要培养造就一支懂农业、爱农村、爱农民的“三农”工作队伍。新时代的到来，农村发展必然走上“快车道”，农村的新农人如雨后春笋般频频出现。新时代对农民有了更专业、更具创新意识的新要求，以新的思维方式和创新手段来发展农业，塑造新型职业农民。随着经济社会的发展，城市化进程速度加快，更多人倾向于在有更加广阔天地和更多机会的城市发展，而选择在农村做农民的人越来越少，导致越来越多的田地被抛荒。受城市“虹吸效应”的影响，农村很多人才外流并且没有回乡的意愿。甚至在很多人看来，放弃在大城市发展的就业机会，回到农村做回农民是“傻”的体现。但是，乡村振兴离不开人才这把“金钥匙”。正是这些有些“傻”的人回到农村的家乡，作为新农人，用新思维、新方法来发展农业，反而走向了更加显著的成功，甚至在自己成功的基础上带领家乡人民脱贫奔小康。

农民的压力与日俱增

新中国成立以后，农民虽然地位上已经有了很大的改变和进步，但从很多农民精神层面来考察会发现，他们从心底依然认为农民是最底层的，与古代留下来的社会角色定位并没有太大的差别。究其原因，可能存在以下几点。第一，寒门依然难出贵子。如今的青少年教育呈现多元化的特征，即便九年义务教育是基本国策，公立学校依然无法满足教育多样化的需求。要满足多样化的教育需求就需要家长送子女去私立学校、参加各种兴趣班或补课班，费用之多对一个农民家庭来说并非一般的昂贵。也就是说，农民家庭依然难以培养出贵子。第二，农民养老和医疗依然问题重重。生老病死，人之常情。农民也会变老，但老了以后的农民比城市退休的职工的生活和医疗等各方面更加艰难。虽然农村医疗和养老保险已然普及，但相对而言，一旦物价飞涨、大病袭来，养老保险和医疗保险就会成为杯水车薪。大部分农民都会因为养老和医疗的问题无法继续过活。第三，农民房奴频繁出现。伴随着城镇化进程的加快，越来越多农民开始选择在城市买房，农民也加入了房奴行列。但无论是自建房还是城市买房，不菲的价格对农民来讲都承受了巨大的压力。

新时代农民生活的新变化

新时代的农村在经历了乡村治理、生态建设和文化进步等一系列变化之后，基础设施和公共服务都得到了较大的提升，教育、医疗、卫生、养老等各方面都有了很大的发展。如今的农村水泥路或柏油路随处可见，甚至能够便捷地通到每户农民家门口，农民的交通十分便利。农民的生活水平提高了，文化生活也稳步跟上，闲暇时间唱歌、跳舞的越来越多。国家自主创新能力的提升，促进了农业机械的发展，农民基本已经实现了耕种、收割、除草、农药喷洒、秋翻等各种机械化。机械化的利用大大减轻了农民的劳动强度，节省了大量的劳动时间。农民再也不是每天日出而作、日落而息的劳动状态，反而是有了更多的培训、学习、交流的时间和机会，逐渐出现了大批的农业经理人。从此，农民成为懂经营、善学习、会管理的具有中国农民内涵的能人和强者。在乡村振兴战略实施以后，党和国家对农民的关心愈发密切，每一个中国农民都感受到了前所未有的自豪和荣耀。新时代的农民有了更好的生活条件、更便捷的生活方式、更健康的文化形式、更优质的生态环境，传统的中国小农变得越来越长寿，小农生活越来越令人羡慕。

农用无人机可在稻田、梯田、果场等场景下实现全自主作业，具有高作业效率、高技术含量、高安全系数，以及省工、省时、省力、省药等特点，有助于实现经济效益和社会效益双赢。“新农人”更加重视对于高科技的利用，以提升农业生产的效率。图为使用农用无人机进行植保飞防作业

2019年3月5日，李克强总理在政府工作报告中指出：继续提高城乡居民基本医保和大病保险保障水平，居民医保人均财政补助标准增加30元，一半用于大病保险。降低并统一大病保险起付线，报销比例由50%提高到60%，进一步减轻大病患者、困难群众医疗负担。加强重大疾病防治。我国受癌症困扰的家庭以千万计，要实施癌症防治行动，推进预防筛查、早诊早治和科研攻关，着力缓解民生的痛点。做好常见慢性病防治，把高血压、糖尿病等门诊用药纳入医保报销。抓紧落实和完善跨省异地就医直接结算政策，尽快使异地就医患者在所有定点医院能持卡看病、即时结算，切实便利流动人口和随迁老人。

三、摒弃旧习，农村也要美丽

农村的发展状况是整个社会发展进步情况的重要体现。让乡村成为生态宜居的美丽家园，是乡村振兴战略的题中之义。中国农村发展不平衡的问题由来已久，但是在新时代的背景下又有了新的变化。虽然目前农村的整体发展还是不平衡的，如出现“百亿村”与“空壳村”的对比现象，但这与新时代的社会主要矛盾发生变化对农村发展提出新的要求是正相关的，如对农民在提高收入、改善生活方面的美好生活的要求。乡村环境好不好、美不美，关乎着民生福祉。美丽乡村的建设要改善农村人居环境，要求在发展中逐步解决群众关心的人居环境的关键和难点所在，也要求广大农民坚持群众视角，发动群众积极参与。只有把乡村的垃圾合理处理了，污水

人居环境改善后的乡村面貌

科学治理了，厕所成功革命了，村庄有效绿化了，基础设施越建越完善了，美丽乡村才能使更多的农民有获得感和幸福感。

基础设施完善是乡村建设的首要任务

“农村生态环境好了，土地上就会长出金元宝，生态就会变成摇钱树，田园风光、湖光山色、秀美乡村就可以成为聚宝盆，生态农业、养生养老、森林康养、乡村旅游就会红火起来。”① 传统农村交通不便，绝大部分农村是土路，晴天尘土飞扬，雨天泥泞不堪。在农村发展的进程中，尤其是国家在实施“村村通”工程以来，一个个村庄开始将道路铺上沙石、水泥、柏油，交通越来越便利，卫生条件也随之大大改善。从浙江“千村示范、万村整治”的工程中可以得到这样的启示：生态文明建设与经济发展同行，就能够产生变革性的力量。但是美丽乡村并不是短时间内能够建成的，否则就可能成为急功近利的表现或者政府搞“形象工程”“政绩工程”，这是一项长期坚持、久久为功的建设工程。这无疑需要在乡村建设过程中事情一件接着一件办、一年接着一年干，在长期努力、系统治理、科学参与的实践过程中，把美丽乡村搞出来。

清华大学环境学院教授、固体废物处理与环境安全教育部重点实验室副主任刘建国在2017年（第五届）城市垃圾热点论坛上指出：“我国人口众多，是垃圾产生大国，根据住建部发布的城市垃圾统计数据，每年，我国城市垃圾产生量已经大于两亿吨；还有1500多个县城产生了接近0.7亿吨的垃圾；至于村镇垃圾方面，由于村镇数量太分散，暂无准确统计数据。总体来看，我国生活垃圾产生量在四亿吨以上。”

人居环境改善是乡村建设的基础任务

以前的农村，遍地都是垃圾，污水横流，人们很少去想主动把

① 习近平，《走中国特色社会主义乡村振兴道路》（2017 年 12 月 28 日），《论坚持全面深化改革》，中央文献出版社，2018 年版，第 404 页。

垃圾收集起来，而是任由其堆积成山。一旦起风，废弃的纸张、塑料袋、落叶吹得到处都是，可是生活在农村中的农民却习以为常，从没有想过要去改变什么。因此，脏乱差的现象在农村普遍存在着。如果要改变传统遗留下来的旧习惯，就必须从农民的思想观念、日常习惯以及政策实施开始着手。生态文明建设的要求逐渐普及到全国农村以后，农村的生活条件、生态环境、公共服务设施等开始出现极大改善。在打赢了农村人居环境整治的硬仗以后，新时代的美丽乡村变得更加宜居，“绿水青山就是金山银山”的理念在其中明显体现出来。多姿多彩的美丽乡村出现了，美丽中国的愿望自然也就随之实现了。新时代农村的建设，就是制定一个长时间的行动计划，结合本地特有的区域、生态、资源等优势，因地制宜地实施各种产业发展规划。以精准的政策实施和环境改善，逐渐补齐农村存在的各种短板，乡村振兴的目标就一定能够实现。

即便是福建一些相对落后、交通不便的古村落，在乡村振兴战略实施过程中也越来越整洁、祥和

贫困落后了整个农业社会历史的农村，在新时代终于出现了翻天覆地的变化。脏乱差的农村环境也终于在新时代得以终结，干净整洁的新时代乡村出现在了人们的眼前。在落后的农村中生活了世世代代的农民也终于在新时代过上了富庶、安逸、健康的生活。

第三章 产业兴旺是物质基础

产业兴旺是乡村振兴的物质基础，离开产业的支撑，乡村振兴就会成为空中楼阁。扭住产业兴旺的关键不放松，就是推进农业的质量和效率的提升。产业兴旺的基础离不开农业，并且农业占据了大比例。中国大部分农村的传统农业依然是一家一户的经营方式，靠规模取胜的少之又少。这就需要农业由传统的数量要求转向质量要求，把优质、安全、品牌的农产品产出来、管出来、树起来，即传统农业的低效求量向特色鲜明、优势突出、竞争力强的高效求质转变。同时，乡村振兴不仅仅是农业兴，更要百业旺。也就是说农业的发展要重视农产品加工业的优化升级，延伸农业产业价值链，挖掘农村生态休闲价值，培育农村新产业新业态。产业兴旺的关键是促进农民的增收，如果只从数量上看农业是否增产，并不重视农民的增收，这不是产业兴旺要达到的目标。把促进农民增收放在第一位，就要大力发展农副产品加工等劳动密集型产业和“互联网+”等新业态，

农产品开始规模化种植

让农民在家中实现务工增收。

链接　长泰县岩溪镇珪后村：打造"生态+"的乡村

长泰珪后：千年古村的"生态+"发展之路

（通讯员：王凯瑛　蔡明兰　　记者：苏益纯/文　白志强/图）

一个小村庄，竟然走上了北京大讲台。今年国庆节前夕，长泰县岩溪镇珪后村党总支书记叶高发，到北京参加中联部举办的"生态+"发展模式研讨会，在会上与中外各界人士分享了珪后村变美的民生小故事，引起关注。

从2012年当选村支书开始，叶高发就带领珪后村，逐步探索出一条"生态+"的发展之路。珪后村还相继获得了多项荣誉："中国传统村落""全国环境整治示范村""全国文明村""福建省历史文化名村""福建省'五古丰登'示范点""省级旅游特色村"……珪后村的"美丽名片"越发响亮。

环境大整治　养猪村忙转产

炒的菜苍蝇先"品尝"，喝的水有猪尿味，一下雨到处污水横流……2012年珪后村还是养猪大村，那时刚当选村支书的叶高发十分烦恼。

叶高发立即带领村干部推行生猪养殖整治工作，引导村民转产就业。"农民不养猪，一样能致富！"曾经的养猪大户叶建福说。2013年之前，叶建福养猪的年收入有4万多元。在村干部的动员下，第二年，他便转行种了25亩茭白，平均年收入达7万元。三年多来，全村共拆除猪舍12万平方米，消减生猪6万多头，全村400多户养猪户纷纷从事蔬菜种植、淡水养殖等无污染产业。

与此同时，村里还成立了村级保洁员队伍。村民们也养成了"垃圾不落地"的卫生好习惯。

告别空心村　生态惠民生

空气和水质更清新了，叶高发又留意到村里的"空心村"现象。"从村庄外围看村子很漂亮，但进村不到百米，就会看到不少废弃的老旧房子等。"

叶高发随即征集村民意见，提出旧村改造计划。"要宜居，也要注重村庄的特色传承。改造中的房屋建设按照统一地平、统一面积、统一层高、统一外观、统一立面（斜坡屋顶）等‘五统一’的标准，实行连片改造。”村里将多个项目捆绑运作，整合棚户区改造、美丽乡村建设、造福工程等资金，重点投入新村的道路、公园、绿化、雨污管网等工程建设，还统一规划建成8个农村休闲公园，为农民提供了文化活动场所。老旧村庄焕发出新的生机活力。

改造中，村中发现30多座唐、宋、清、民国等各年代的古民居。经叶高发申请，珪后村2015年成为福建省传统村落，2016年成为中国传统村落并获得国家资金支持。

赏花游古村　生态+致富

……

目前，长泰县弘珪农业专业合作社已有成员32人，荷花种植总面积一期68亩。赏荷步道、休息凉亭、农民鱼塘、农副产品集散中心等配套设施正在持续建设中，叶高发希望结合珪后村的古民居资源，打造“赏荷花、游古民居”的乡村旅游路线，协同蔬菜协会，将村民的农产品推销给游客。

“明年，珪后村将会继续扩大现代特色农业的种植规模，种植品种更多样化的农产品。”叶高发说，过几个月，荷塘即将“变身”为油菜花海，接下去也将开启水果蔬菜采摘之旅，丰富旅游项目，带动更多村民致富。

——摘自《福建日报》2017年11月6日13版

习近平总书记2013年12月23日在中央农村工作会议上强调：“靠别人解决吃饭问题是靠不住的。如果口粮依赖进口，我们就会被别人牵着鼻子走。”而中国要自行解决吃饭问题，农业发展是重点所在，这就与乡村振兴中产业兴旺的要求密切相关。乡村振兴中有一个重点是解决好农民的钱袋子问题，而产业振兴之路是解决这个问题的重点所在。这就需要在制度设计、政策创新、方式途径等方面多想办法，尤其是对农村具有优势的产业在资金投入、基础设施、公共服务等方面加以倾斜。在农村创造一个良好的社会氛围和营商环境，是吸引资本投入和高级知识分子向农村流动的重要因素。选择产业项目的时候，最为关键的是因地制宜、一切从实际出发，尤其要综合考虑每一个村子的产业布局和产业结构，加快特色产业、休闲农业、旅游产业等第三产业的发展。

一、产业兴旺，国家这么说

五年规划中，要求统筹推进农村经济建设与政治建设、文化建设、社会建设、生态文明建设和党的建设密切结合起来。这就需要加快推进乡村治理体系和治理能力的现代化，推进农业农村的现代化。乘着乡村振兴战略的实施和农业现代化的东风，应让农业成为有奔头的产业，让农民成为具有吸引力的职业，让农村不再是青年人急于逃离的地方，而成为人人向往的安居乐业的美丽家园。中共中央、国务院出台《关于建立健全城乡融合发展体制机制和政策体系的意见》中提出："建立健全有利于城乡基础设施一体化发展的体制机制。把公共基础设施建设重点放在乡村，坚持先建机制、后建工程，加快推动乡村基础设施提档升级，实现城乡基础设施统一规划、统一建设、统一管护。"

因地制宜，确定目标

浙江安吉黄杜村自古山多地少，以前是安吉县的贫困县之一。为了致富，村干部想尽各种办法，鼓励并带动发展各种产业，曾建拉丝厂、铸铁厂等第二产业，也曾种植辣椒、杨梅、菊花等带动农业发展，但均未获得较好的效果。自 1997 年溪龙乡鼓励山区种植白茶以来，黄杜村就开启了脱贫致富之路。白茶从此成为本地不可替代的产业，并且除了卖茶叶以外，还发展起了第三产业，开始卖茶山风景和茶饮文化，真正体现了"绿水青山就是金山银山"的绿色发展理念。要实现乡村振兴，就要因地制宜地确定本地要实现的目标。因地制宜体现在几个方面：首先要根据本地的区域差异，选择具

图为安吉黄杜村白茶基地旁屹立的“一片叶子富了一方百姓”石碑

有本地特色的产业去实现乡村振兴；其次，每个地区都具有不同的自然资源禀赋，选择对资源进行保护性开发去实现乡村振兴；再次，中国幅员辽阔，各地区经济发展水平不一，甚至差异较大。全国东、中、西部地区的农村体现了不同的农业产业化水平、农民就业率、工业对农业的反哺状况等不同特点，这更加需要因地制宜地解决好乡村振兴的首要问题及重点所在。安吉黄杜村，在产业发展上确实取得了极大的进步，但是依然存在着缺少品牌标志及品牌保护的问题。

现代农业，趋势所在

产业兴旺是实现乡村振兴的基石，而发展现代农业是产业兴旺的重要内容。现代农业是通过产品、技术、制度、管理等各方面的创新，不但提升传统农业的机械化、科技化、信息化、标准化水平，更要推动林业，牧业，渔业，农产品加工，乡村二、三产业等的转型升级。这就需要在大力培养新型职业农民的基础之上，继而推动产业化、规模化、绿色化的现代农业的发展升级。中国农业的发展从最早的人民公社，到家庭联产承包责任制，再到现代化农业合作社，经历了一个从集中到分散再到集中的过程。每一次机制的更新都会激发农民的积极性，促进农业一个时段的快速发展。产业化、规模化、绿色化的现代农业机制的升级，自然也会成为将当代农民与农业现代化有机结合的新的方式。同时，在通过对农村第一、二、三产业融合发展的推动过程中，逐渐促进农业产业链的延伸，既增加了农业的稳定性，也为农民创造了更多的就业和增收机会。

乡村农业，多方发展

不得不承认在农业发展方面，中国依然面临着多种多样的问题。“当前，国内粮食库存增加较多，仓储补贴负担较重同时，国际市场粮食价格走低，国内外市场粮价倒挂明显”①。根据这些特征，国内农业可进行一系列的调整，如利用市场粮食供给宽裕的时机，部分地区可以实行耕地轮作休耕，既平衡了粮食供求矛盾，又可使农业发展更加可持续。从国家的角度上来看，中国的农业已经发展到了一个新的阶段。以前农业的特点的总量不足，继而发展成了总量基本平衡，但结构性的不平衡依然是困扰中国农业发展的一个大问题。可见，在留守土地的农民及返乡创业的农民眼中，大家都认识到了当前农业的发展已经不是有没有的问题了，而是好不好和优不优的问题了。于是多方的农业结构开始进行调整，农村创业机会越来越多，除了传

福建省泰宁县开善乡借助实施乡村振兴战略的有利契机，吸引本地籍在外人才返乡共建家乡。脱贫攻坚和乡村振兴都需要懂技术、善经营、能创新的新农人，外出青年返乡创业，成为带动一方产业发展、贫困户脱贫的重要力量。如返乡创业的“85后”“新农人”杨林均，中专毕业在外闯荡了几年后，回乡创办起豆腐皮厂，通过加工制作过程优化，把豆腐皮做出了新花样，带动村民脱贫致富

① 习近平，《关于〈中共中央关于制定国民经济和社会发展第十三个五年规划的建议〉的说明》（2015 年 10 月 26 日），《十八大以来重要文献选编》（中），中央文献出版社 2016 年版，第 783 页。

统的种植和养殖以外，农产品的加工、乡村旅游、自然教育等二、三产业的发展，开始吸引着大量青年人的眼球。

科技的飞速进步、改革的深入推进，使得乡村风貌发生了巨大的变化，同时给农村的进一步发展注入了更多的活力。回到乡村就业创业的想法使很多青年人带着先进的理念和技术回到了农村，并且有了比城市更为宽广的施展拳脚的空间。年轻人的加入让农村和农业更加有希望，为乡村振兴提供了更坚实的保障。乡村振兴战略的实施过程中，“一个重要任务就是推行绿色发展方式和生活方式，让生态美起来、环境靓起来，再现山清水秀、天蓝地绿、村美人和的美丽画卷”①。产业兴旺希望能够达到的重要目标，也在于此。

二、产业兴旺，福建这么做

产业兴旺是乡村振兴的基础，也是重点所在。产业兴旺要搭建完善产业发展的要素，从而发挥出乡村的吸引力，让更多的人、财、物聚集到乡村。产业发展要素包含了道路、水利等乡村基础设施，人才教育和培训、技术指导等公共服务体系。福建省多年来

图为发展休闲农业，种起满塘荷花的美丽乡村

① 习近平，《走中国特色社会主义乡村振兴道路》（2017年12月28日），《论坚持全面深化改革》，中央文献出版社，2018年版，第403页。

的基础建设工作较好，尤其是近些年高速公路、铁路、机场的建设，给乡村振兴奠定了道路基础。

发展特色农业，使产业规模化

2019 年中央政府工作报告中指出，要推进农业供给侧结构改革，促进农林牧渔业和种业的创新发展，建设现代农业产业园和特色农产品优势区。福建省在《关于推进乡村振兴战略的实施意见》中明确提出“做强做优做大特色农业产业”。在推进农业供给侧结构改革中，根据本省特定区域所拥有的地理、气候、资源等条件，指出加快发展茶叶、蔬菜、水果、畜禽、水产、林竹、花卉苗木等七个全产业链产值超千亿元的优势特色产业。如莆田市依照福建对农业产业“一年有起色、两年见成效、三年成体系”的规划，自 2018 年起建设 10 个现代农业产业园，每个园区核心面积在 2000 到 3000 亩左右，并且辐射带动周边面积 1 万亩以上，通过补齐园区“育苗基地、统防统治、农产品加工、冷链仓储、农业电商”五个短板，推动园区一二三产融合发展。另外，加快土地流转步伐，促进闲置土地向公司和专业大户集中，一方面发展壮大了农业龙头企业，另一方面建设专业合作社、家庭农场，完善了“公司（合作社）+农户”的利益联结机制。通过采取难以复制的特殊条件而建设的特色农业和现代农业产业园，更容易获得较好的经济效益。

2019年，农业农村部、财政部公布首批20个国家现代农业产业园，福建安溪县现代农业产业园成为全省唯一跻身其中的产业园。该产业园涵盖七个茶叶名乡（镇），规划创建区域面积为1154.52平方公里，园区农业人口42.83万人。创建区茶园共23.62万亩，占全县茶园面积的40%，囊括茶叶种植、加工、销售、物流、研发、人才等全产业链区域，呈现出既“长块头”又“壮筋骨”的良好建设局面。该产业园主产业（茶产业）发展水平居全国领先水平。去年该产业园涉茶总产值超过100亿元，茶叶加工机械化水平达85%。

——摘自《福建日报》2019年1月17日5版

发展品牌农业，使农产品走出去

福建三明的建宁是特色农业大县，县委、县政府高度重视地标农产品的认证登记和保护，着力做好农耕文明传承、独特品质挖掘、品牌培育打造。建宁通心白莲作为国家地理标志农产品，是2018年福建省十大区域公用品牌，既传承了传统工艺，彰显了历史文化，又运用现代技术，不断推陈出新。2018年，建宁计划进一步建设成集莲子科技研发基地、绿色莲子生态示范基地、莲子精深加工基地、莲子出口创汇基地、建莲休闲观光与文化传承基地“五位一体”的“中国建莲之乡”。伴随着农村生产关系的变革和现代化农业的快速发展，我国对于农产品的供需关系也由以前的吃饱变成了如今的吃好，即对于高质量农产品的需求变化。人们如今对于农产品的营养价值、保健功能、安全性等有了更高的要求，消费也出现了多样化和个性化的变化，因此，在市场上可能出现普通农产品不好卖出，而具有特色的安全优质农产品却抢购一空的情况。可见，农产品在市场上面临着品种、品质、品牌、结构等等矛盾，并且矛盾呈现日益突出的态势。由于福建生态条件的特殊性，一些产品的品质远远

国家地理标志农产品——建宁通心白莲

优于其他地区的同类产品，通过创建具有本地特色的农产品品牌，做出人无我有、人有我优的区域优质产品，从而提高相应农产品的收益。福建省提出了发展品牌农业的方向，实施产业兴村强县，支持发展一村一品，在原有安溪茶叶、平和蜜柚、古田食用菌、连江水产等老品牌的基础上，继续加强培育特色农产品品牌，将福建百香果、富硒农产品等特色品牌推向全国，形成了一定的知名度和影响力。发展特色品牌农产品，必不可少就是将“互联网+”运用其中。农产品的销售主动与电子商务平台紧密结合，鼓励全省品牌农产品及绿色食品入驻天猫、京东等各大网络平台，形成“线上+线下”全渠道营销模式。

发展休闲农业，打造乡村生态旅游产业链

农业并非只是种植粮食作物一种形式，而是具有多种功能的经济组织方式。在产业发展中发展农业新业态，提升农产品和农业的附加值，将绿色产业的发展同休闲农业相结合，创建具有本地特色的休闲渔业、生态观光农业、花卉种植观光等生态旅游产业链。福建正是实施了乡村旅游的“百镇千村”提质升级行动，通过建设“一镇一品、一村一景”工程，促进了休闲农业和生态旅游的发展。不但创建了一批休闲农业示范基地，推出了一批中国美丽乡村，而且培育了一批乡村生态旅游品牌。位于龙岩市西陂街道的南石村积极响应省里“千村整治、百村示范”的号召，将新农村建设、生态保护和产业发展等有机结合，扎实推进了美丽乡村的建设。走进村内，环境整洁有序，绿水青山风光无限，正是“输血”和“造血”的并重，全村人努力建设了一个美丽宜居的幸福家园。南石村紧紧围绕“建强基层组织、净化村居环境、提升文明素养、发展村居产业、丰富文化生活、改善民生事业”等六大工作主题，将村民最关注的问题重点关注起来。以省级美丽乡村“千村整治”为契机，南石村重点推进了生活污水、生活垃圾、公厕等各种基础设施的建设，使得村容村貌发生了巨大变化。

总之，“清新福建·绿色品牌”的打造与自身得天独厚的自然地理优势分不开，同时将传统种植、养殖、加工方式与现代化农业科学技术紧密结合起来，既保证优秀传统文化不丢失，保存本地特色，又运用现代化技术手段保证品牌的绿色化与高品质。福建虽然不能称为农业大省，但是地理、气候等特殊优势造就的优质特产品牌在全国小有名气。如果继续加大相关品牌建设并进行新产品品牌的开发，使其成为地方特色农业的名片，必然成为产业发展的催化剂。

面对乡村振兴带来的新机遇，福建长汀依托独特的历史文化、客家文化、红色文化、绿色文化等主要基础条件优势，精心培育水土流失精准治理深层治理“两山”转换的乡村振兴样板村，深度挖掘农文旅结合的乡村振兴特色村。如建设水土保持科教园，展示水土流失治理实践地及治理展示区；打造银杏公园，展示水土流失综合治理乡村公园模式；打造林业示范村、生态示范林基地，建设生态采摘园、水土保持生态护岸等。串点连线、提质扩面、聚力打造乡村振兴示范带，整体推进全县乡村全面振兴。图为环境综合治理后文旅融合发展的长汀古城

三、产业兴旺，带来了什么

乡村是一个大有作为的天地，在新时代的中国迎来了难得的发展机遇。产业兴旺促使了固有思维模式的打破和对传统路径的依赖，创新了产业发展理念、思路、方法，以产业兴旺来推进乡村振兴。在全国产业升级的时刻，农村产业到底应该得到什么样的发展，对全国各地农村来讲都是值得深思的一件事情。同时，如何让农村产业的发展更加具有竞争力，更加惠及农民，更加可持续，从福建乡村产业发展可以得出以下几个经验。

产业兴旺离不开科学技术的支持

中国地大物博，农产品种类更是数不胜数，但是不可否认的是中国的农产品在国际市场上缺乏一席之地。同样，福建的农产品也只有少数在国内市场中占有一定份额，这与农业科技在农业发展过程中的贡献率低有较大的关联。福建南平政和县铁山镇向前村是革命老区村，早在2011年该村就确定了“生态立村，产业富村”的发展目标。向前村不但巧妙利用了本村山地特点、自然条件和生态资源优势，把村子建成了一个天然的氧吧，利用生态优势吸引了大量的游人，带动了本村产业的发展。更重要的是向前村在村党支部引导下，依托福建惠民农林专业合作社，充分利用科学技术发展猕猴桃种植产业。村里不仅与省农科院果树所共建了“博士专家工作组”，还与多方达成技术帮扶协议，实行“党支部+专家+合作社+基地”四结合的推广模式，打造了闽北猕猴桃生态示范基地和华东最美生态猕猴桃沟。可见，实现产业兴旺，就必须发挥科技和人才的引领作用，整合各种科技创新资源，构筑产业兴旺的科技支撑。

产业兴旺离不开全体农民的积极参与

新时代提出的农村土地制度改革，为农村土地流转开辟了巨大空间。很多农村在对政策的积极响应下，农民手中的土地已经开始通过流转走向积极拓展农业功能并带来了好结果，这既凸显了本地农业的特色，又延伸了农业规模经营。但是，如果农民仅仅依靠把土地租给别人收取租金生活，那距离乡村振兴的目标可谓甚远。因此，乡村振兴需要让农民都能够实质性地参与进来，通过产业发展使农民能够享受产业兴旺所带来的收益和股权分红，从而真正实现乡村振兴的目标。春季的珪后村，珪荷园里盛开的油菜花和波斯菊吸引了大量的游客到来，油菜花和波斯菊谢了紧接着是满池荷花的盛开，参观者接踵而来，这条农业产业链，增加了农民收入。珪后村依托千年生态文明古村的深厚文化底蕴，由村支部牵头成立了弘珪农业专业合作社，将附近村民的 100 亩土地统一承包，打造了农村新业态。在珪后村，铺开了一条“赏油菜花、游古民居”的乡村旅游之路，原本脏乱差的环境，低效率低收益的土地，如今变成了集生态体验、田园休闲、观光旅游等于一体的致富宝地。这种方式实现了产业发展的目的，带动了莲子种植、采摘体验、加工包装等各种衍生产业的发展，吸引了村里更多农民参与进来走上致富之路。

产业兴旺离不开正确方向的选择

伴随着人们对于农产品从量到质的变化，农村在发展种植业方面也需要有正确的选择方向。如果依然按照传统选择普通农作物品种，势必还会停留在人们对于数量的追求上，显然不符合时代的需求，也就较难取得收益。因此，有必要去选择更加符合消费升级的产业和产品，这也是农业转型升级的一个重要选项。正如农产品选择过程中对于蓝莓、百香果、车厘子、茶叶等品种的筛选，无疑迎合

福建省长汀县钟屋村（今中复村）是中央红军长征第一个出发地，被誉为“红军长征第一村”，该村位于闽西长汀与连城的交界处。中复村现有松毛岭阻击战指挥部旧址、红军二万五千里长征出发地旧址、抗日宣传漫画遗址等红色文化资源，同时又有12座客家围龙屋与红色资源交织在一起，极其富有特色。在村党支部的引领和党员的示范带动下，中复村进一步把发展红色旅游、发展现代农业和规范发展集市作为壮大村集体经济的突破口，实现了产业转型升级，村民人均年收入得以大幅提升

了消费者对于农产品的需求口味，适应了农产品追求消费升级浪潮的大势。长汀县南山镇中复村是“红军长征第一村”，拥有丰富的红色文化资源。在乡村振兴过程中，中复村选择了具有自身优势的产业发展方式，走出一条“红色旅游+客家民俗/现代农业/农村电商”的农业农村发展道路。该村紧紧围绕红色资源优势，坚持农业农村现代化建设，使村庄面貌发生了翻天覆地的变化。中复村一方面积极保护红色资源，另一方面通过各种方式扩大本地红色文化的影响。在有一定影响力的基础上，中复村进一步科学规划红色景区的布局，并尽量将全镇的红色景区以旅游路线的方式联系起来，通过保护改善了农村的环境，通过宣传扩大了红色文化的影响力，通过布局吸引了民间资金向餐饮、住宿等产业聚集，通过基础设施建设为旅游发展奠定了基础。中复村的产业发展结合自身优势，从而选择了正确的发展方向，走出了成功的产业兴旺道路。

产业兴旺离不开各种企业的参与

很多企业在面临着城市的饱和状态时，往往希望把企业做到广阔的乡村去，尤其是希望在乡村振兴实施过程中能够参与其中。从企业的角度来看，乡村振兴战略的实施是一个良好的机遇，而相对落后的乡村更是迫切等待开发的地方，是企业发展的好机会。

2000年春开始，福建省长汀县在科学治理水土流失过程中，把杨梅种植作为水保产业，广泛动员企业、干部、治理大户、农户参与开发种植，在水土流失区建立万亩杨梅基地，取得了良好的生态效益和经济效益，昔日“火焰山”变成了“花果山”。图为长汀县三洲镇万亩杨梅示范基地

在乡村振兴过程中，政府有其必要肩负起的责任，政府搭台、企业唱戏、农民施展，才能真正在广阔的田野中大有作为，从而让产业兴旺、乡村振兴的图景更加鲜明有特色。长汀的南坑村曾经因为水土流失较为严重，人民普遍生活艰难，因此又被称为“难坑”。为了摆脱贫困，当地人在响应治理水土流失号召基础上，自己开发种植银杏。但由于水土流失过于严重，往往当地人种植成本要比在平常土地上种植多花三分之二的成本，即便政府有一定的补贴，农民也无法负担。在村支部的带领下，积极引进了厦门树王银杏有限公司共同发展银杏产业，由公司借资给农民继续投入，后期有所收益后再偿还。经历了十几年艰苦奋斗，不但水土流失得到了有效控制，而且银杏林已经初具规模，农民也已看到盈利的希望。南坑村的建设采取了“公司+基地+党员+农户”的模式，以银杏生态园为基础，实施“山、水、田、园、路、房”的共同建设，成就了今日美丽富裕的南坑生态村。

银杏丰收在望

第四章　生态宜居是质量保障

生态宜居的乡村建设是一个长期而艰巨的过程，需要提升农民的生活质量和健康水平，同时还要让人居环境美起来，让文化生活美起来。这是一个把乡村从“脏乱差”变得美丽宜居和有文化、有内涵、有颜值的过程。显然，其中的难度可想而知。乡村振兴战略在生态宜居建设方面依然存在着乡村基础设施不完善、群众参与意识不强、管理机制及相关法律不健全等各方面的问题。美丽乡村建设是一个系统工程，不仅涉及普通民众，也需要政府、企业、民间组织在其中发挥作用。

链接　罗源县松山镇北山村：乡村振兴，生态宜居是关键

进退有方，成就一片“蓝色港湾”

（记者：黄雪梅　　通讯员：林克城　刘其燚）

根据福建省海洋功能区划，罗源湾重点发展港口航运、临港工业。为此，罗源县果断处理好“退”与“进”的关系，退出水产养殖，建设千亿港城，发展“蓝色港湾”。

……

生态好转，40多只卷羽鹈鹕光临罗源湾

今年春季，全国各地不少摄影爱好者来到罗源湾，长枪短炮地捕捉鸟类优美的身姿。其中，世界濒危鸟类、国家二级保护动物——卷羽鹈鹕最惹人喜爱，以往只能在外海偶见，今年居然有40多只出现在罗源湾，这令爱鸟人兴奋不已。

生态好转鸟先知。罗源湾环境不断改善、食物种类增多，使这里成为鸟类的乐园。

近几年来，罗源采取渔排退养、滩涂养殖区整治、沙滩景观和景点修复、互花米草治理、红树林种植等措施，强力推动环境整治与生态修复。

7年前，罗源湾西南侧是外来物种互花米草的重灾区，生物多样性急剧下降。互花米草枯死后，随海浪漂到海中，成为海漂垃圾。

从2012年开始，罗源县在松山镇北山村与巽屿村滩涂整治互花米草，并在当地种植红树林秋茄品种。目前罗源湾共整治互花米草约2000亩，种植红树林约1500亩，力争早日建成万亩红树林，保护生态环境。

“一湾海色四面景，群山如黛绿如蓝。”罗源湾生态改善，为旅游业发展带来了商机。罗源正发力发展全域旅游，通过修复海岸线、建设湿地公园等措施，在罗源湾北岸建设游艇俱乐部、港口码头、度假休闲基地……

碧里牛澳湾、鉴江风情小镇等旅游项目开发全面提速。罗源县牛澳湾休闲渔业旅游开发项目已开工。该项目总投资30亿元，将打造成休闲渔港、文旅小镇以及生态养老基地。

上半年，国家4A级旅游景区——罗源湾海洋世界接待游客60多万人次。为了让游客享受更多的旅游资源，罗源同步发展乡村旅游，农家乐在美丽新农村落地开花。

……

根据海洋功能区划，罗源湾海域主要发展港口航运和临港工业。5月30日，中国宝武钢铁集团有限公司与福州市政府举行战略合作框架协议签约仪式，双方将在罗源共同建设世界一流、国内领先的以不锈钢和特种钢为主的高端钢材制造基地。

罗源县委书记、台商投资区工委书记何杰民说，依托罗源湾北岸港口优势，产业布局重点发展冶金建材产业、轻工食品产业、机械制造产业、海洋经济产业等四大产业，力争用5年时间打造以冶金建材产业为主导，集装备制造、新能源、新材料为一体的罗源湾千亿海港城。

——摘自《福建日报》2018年7月6日9版

乡村振兴与乡村发展质量的保障在于生态宜居。试想一个脏乱差的环境当中，谁会有心思考虑建设和发展的问题呢？在生态宜居的具体要求中，既包含村容整洁要求，又涉及水、电、交通等基础设施的完善，既涵盖人居环境的要求，又提倡人与自然的和谐共生。传统乡村往往只重视单纯的人工生态系统建设，只考虑眼前的生活舒适度或生产的便利性，忽视了对于自然的敬畏与保护。而这一忽视不仅不能够真正使乡村得以振兴，甚至会起到反作用，造成传统文化的丢失、资源的浪费及乡村环境的污染。生态宜居的乡村更加提倡保留自然界的原貌、保存传统的文化精华、保护乡村的自然生态系统、治理乡村污染的环境。在人与自然和谐共生的基础上，使乡村的人居环境绿起来、美起来。

一、生态宜居，让乡村生活更美好

当温饱问题解决了以后，人们对于美好生活的追求便摆在了眼前。在美好生活的要求中，良好的生态环境便成为第一要素。“良好的人居环境，是广大农民的殷切期盼，一些农村‘脏乱差’的面貌必须加快改变……农村环境整治这个事，不管是发达地区还是欠发达地区都要搞，标准可以有高有低，但最起码要给农民一个干净整洁的生活环境”①。尤其是农村厕所的问题，和农民的生活品质直接相关，更是乡村振兴过程中需要重点解决的具体问题之一。

① 习近平，《走中国特色社会主义乡村振兴道路》（2017年12月28日），《论坚持全面深化改革》，中央文献出版社2018年版，第405页。

2019年，《中共中央 国务院关于坚持农业农村优先发展做好“三农”工作的若干意见》中对于农村人居环境的改善要求：抓好农村人居环境整治三年行动。深入学习推广浙江“千村示范、万村整治”工程经验，全面推开以农村垃圾污水治理、厕所革命和村容村貌提升为重点的农村人居环境整治，确保到2020年实现农村人居环境阶段性明显改善，村庄环境基本干净整洁有序，村民环境与健康意识普遍增强。鼓励各地立足实际、因地制宜，合理选择简便易行、长期管用的整治模式，集中攻克技术难题。建立地方为主、中央补助的政府投入机制。中央财政对农村厕所革命整村推进等给予补助，对农村人居环境整治先进县给予奖励。中央预算内投资安排专门资金支持农村人居环境整治。允许县级按规定统筹整合相关资金，集中用于农村人居环境整治。鼓励社会力量积极参与，将农村人居环境整治与发展乡村休闲旅游等有机结合。广泛开展村庄清洁行动。开展美丽宜居村庄和最美庭院创建活动。农村人居环境整治工作要同农村经济发展水平相适应、同当地文化和风土人情相协调，注重实效，防止做表面文章。

农村人居环境亟须改善

改善农民的人居环境是乡村振兴战略实施的重点任务，同时也是农民最为深切的期盼所在。农民最期盼的自然就是党中央最为迫切要解决的。但是，“经过长期发展，我国耕地开发利用强度过大，一些地方地力严重透支，水土流失、地下水严重超采、土壤退化、面源污染加重已成为制约农业可持续发展的突出矛盾”①。可以看出，当下农村人居环境要治理就需要重点做好垃圾污水处理、厕所革命、土地污染治理、村容村貌提升等方面的工作，并且工作要重视实际效果，不搞形象工程、刮风运动、表面文章。在这个过程中，基层党组织与基层政府不但要牵头改善人居环境治理，并且“要发动农民参与人居环境治理，大家动手搞清洁、搞绿化、搞建设、搞管护，形成持续推进机制”②。如果单纯由基层政府去做环境治理的

① 习近平，《关于〈中共中央关于制定国民经济和社会发展第十三个五年规划的建议〉的说明》（2015 年 10 月 26 日），《十八大以来重要文献选编》（中），中央文献出版社 2016 年版，第 783 页。

② 习近平，《在中央经济工作会议上的讲话》（2018 年 12 月 19 日）。

工作，难免会造成少数人做大多数人的工作，且只是暂时得以改善，并不能够长久持续推进的后果。

“天大的小事”——如厕

人居环境治理中有一项重要的治理领域就是“厕所革命”。不仅在中国，很多发展中国家比较头疼的问题也在于“厕所革命”。厕所问题不仅仅是脏乱差的现象，更为重要的是不卫生的厕所会造成严重的环境卫生问题，导致人们腹泻、传染病等疾病的高发，尤其对于儿童危害更为严重。而中国大部分人是生活在农村的，进行农村的“厕所革命”势在必行。厕所是衡量一个国家文明的尺度，也体现了一个国家的发展程度，可见，“厕所革命”已然不仅仅代表了简单的卫生干净和环境舒适，而具有更为宽广的范畴意义。早在80多年前，暨南大学教授周谷城就曾发表了如此梦想：“我梦想中的未来中国首要之条件便是：人人有机会坐在抽水马桶上大便。”这句话无疑也印证了当时人们对于厕所建设的迫切渴望和情感愿

“厕所问题无小事”。如今，厕所革命成为中国人生活中的一个热词，尤其是农村的厕所成为全社会关注的热点。曾经，无论是城市还是乡村的厕所，都是被人们忽视的建设地方，厕所只有更简陋，没有最简陋。20世纪，经过几次全国性的厕所改造，城市公厕逐渐告别臭气熏天的落后面貌，环境卫生状况大大改善。在国家领导人作出“厕所革命”重要指示后，尤其是农村的“厕所革命”要求明确提出以后，农村人居环境以厕所的改革为起点，向着越来越舒适的方向建设，让人民群众过上更加美好生活的方向更加明确且大步向前实践。图为福建南靖改造后的公厕

值得借鉴的是日本近乎严苛的垃圾分类。日本从1980年就开始实行垃圾分类回收，如今已经成为世界上垃圾分类回收做得最好的国家。目前，日本每年人均垃圾生产量只有410公斤，为世界最低。更重要的是，垃圾分类投放已经成为日本民众的一种自觉行为，即使没人监督也会严格执行。日本的垃圾分类非常细，除了一般的生活垃圾分为可燃和不可燃垃圾外，资源性垃圾还具体分为干净的塑料、纸张、旧报纸杂志、旧衣服、塑料饮料瓶、听装饮料瓶、玻璃饮料瓶等等。除此之外，更换电视、冰箱和洗衣机还必须和专门的电器店或者收购商联系，并要支付一定的处理费用。大件的垃圾一年只能扔4件，超过的话，要付钱。图为日本某地垃圾清运当天早晨8点前，垃圾被整齐堆放在指定地点

景。但我们也看到80多年过去了，虽然城市中抽水马桶已然成为绝大多数家庭的必备条件，然而农村厕所改革的“硬骨头”却久久难以啃下来。近几年，习近平总书记多次强调“厕所革命”的重要性，并且将其上升到国家层面解决的问题，才看到了农村厕所出现的大规模的明显变化。

新时尚——垃圾分类

中国是垃圾产生的大国，全国每人每天平均要产生1公斤的垃圾，全国三分之二的城市正在遭遇垃圾围城的困境。垃圾增多给人留下最直观的印象就是生活环境恶劣、生活质量下降。但我们都知道并非所有的垃圾都是完全没用并需要彻底扔掉的，反而是绝大部分垃圾如果能够回收利用好的话，可以给我们带来更多的财富，节省更多的资源和环境空间。早在物资匮乏的年代，中国很多人其实就已经有了垃圾分类的意识，只是那时候人们进行分类往往以赚取利益为出发点。但伴随着物质生活的极大丰富和消费需求的快速增长，不停地买东西已经成为人们生活的正常现象，同时丢东西的时候也不在乎

点滴利益而将之直接作为垃圾全部丢弃。生产生活的垃圾量急速攀升，逐渐成为世界垃圾大国。多年来受到垃圾围堵的困扰，中国也开始认识到了垃圾分类作为新时尚存在的重要性。因此，如何一方面控制垃圾产生的速度，一方面提高垃圾分类处理的效率，成为如今社会发展中首要思考的问题。伴随着垃圾分类的绿色之路越走越宽阔，垃圾治理、回收再利用，给百姓的生活带来了潜移默化的变化。在国家的大力提倡与鼓励之下，民众的生活素养也随时代潮流不断提升，“自带餐具”“垃圾分类”等节约适度、绿色环保的生活方式，成为民众越来越推崇的新时尚。

农村人居环境改善要绿色引领

以垃圾分类为主要体现的绿色发展之路在中国越走越宽。“以绿色发展引领乡村振兴是一场深刻革命”①，绿色家园的建设在龙头牵引、四轮驱动的力量下正大踏步向前迈进。自然，在乡村振兴过程中，垃圾分类在改善人居环境中是重点所在，并且是难点所在。这并非将任何一个

在生态宜居的乡村，水资源清澈干净，图为乡村的河水可以直接取来做各种用途

① 习近平，《走中国特色社会主义乡村振兴道路》（2017 年 12 月 28 日），《论坚持全面深化改革》，中央文献出版社 2018 年版，第 404 页。

地区的方式和路径照搬过来就万事大吉，而是需要因地制宜地进行“一城一策”甚至“一村一策”的政策创新。与此同时，农村建设和城市建设也不一样，正如国家对于新农村的建设要求中提出，“搞农村建设要注意生态环境保护，注意乡土味道，体现农村特点，保留乡村风貌，不能照搬照抄城镇建设那一套，搞得城市不像城市、农村不像农村”①。

二、美丽福建的生态宜居乡村建设

乡村环境治理始终是乡村治理过程中一大“毒瘤”，问题严重且难以处理。根据“要持续开展农村人居环境整治行动，实现全国行政村环境整治全覆盖，基本解决农村的垃圾、污水、厕所问题，打造美丽乡村，为老百姓留住鸟语花香田园风光”的要求②，福建省充分发挥了区域特征优势，调整农业结构，增加有机肥的使用比重，着力改善农村人居环境，由此将直接影响米袋子、菜篮子、水缸子的农村环境逐渐打造得越来越安全，越来越美丽。正如领导人对于现实社会的清醒认识：“多年快速发展积累的生态环境问题已经十分突出，老百姓意见大、怨言多，生态环境破坏和污染不仅影响经济社会可持续发展，而且对人民群众健康的影响已经成为一个突出的民生问题，必须下大气力解决好。”③ 可见，除了和谐有序的乡村环境实现以外，生态建设是乡村治理中一个巨大的领域。

---

① 习近平，《在中央农村工作会议上的讲话》（2013 年 12 月 23 日），《十八大以来重要文献选编》（上），中央文献出版社 2014 年版，第 683 页。

② 习近平，《推动我国生态文明建设迈上新台阶》（2018 年 5 月 18 日），《求是》杂志 2019 年第 3 期。

③ 习近平，《在青海省考察工作结束时的讲话（节选）》（2016 年 8 月 24 日）。

福建的“厕所革命”

如今的“厕所革命”与多年前的“管粪、改厕”还是有较大差别的，意义落在了改善公众健康与环境质量层面，将健康中国理念渗入其中。和全国大部分地区一样，福建省经历了城市化带来的巨变，农村卫生状态也得到了最基本的改善。化肥工业的快速发展，逐渐弱化了农村对于人畜的粪尿等有机肥料的依赖，但同时出现了“无法还田”城市及农村排泄物的大量出现。自“厕所革命”提出以来，福建省从城市到农村都进行了一系列的厕所改革。如从福州出发，2017 年鼓楼区共新建公厕 12 座，提升改造老旧公厕 19 座，2018 年至 2019 年又完成新建公厕 18 座。并且福州在全省率先推出“公厕长”制度，由区委书记或区长任“总公厕长”。农村厕所改革是重点所在，福建农村很多地方也开始了厕所改造。宁德市 2016 年开始启动农村无害化卫生户厕建造项目，采取政府主导、村民参与、社会支持的方式，每户改造厕所的资金由户主和政府财政各出一半。通过一系列相关的改造方式，城市和农村的厕所都有了较大的改观，真正体现了“厕所革命”的实效，这个“天大的小事”也开始从民生角度逐渐体现民众生活的幸福指数。

福建的垃圾分类

从倡导光盘行动，到推动低碳生活、绿色社区、绿色学校、绿色家庭，再到推广垃圾分类，人们的生活理念变得越来越时尚，并且逐渐得到了全国民众广泛认可和积极参与。“环境就是民生，青山就是美丽，蓝天也是幸福”，每一次时尚生活理念的提出与践行都与党和政府执政方略中的“为民情怀”息息相关，都是一种从长远角度出发的新发展理念。而这些生活方式和发展理念也必然快速地普及全国各地，成为社会各界的共识。2019 年 7 月开始，从上海作为试点开展垃圾分类活动，“垃圾分类”就开始占据热搜榜并居高不下。不管是线上还是线下，人们都在讨论如何分辨干湿垃圾，讨论垃圾分类后的管理方式，讨论垃圾分类的原因及处理方式等。这无疑体现了民众对于垃圾分类的关注，并且自愿为了这个新时尚行动起来。福建省在逐步推出健康、环保、文明举措的过程中，环境的变化也成为折射美丽中国的有力实证。例如，早在 2016 年福建省就针对农村人居环境卫生治理提出了关于生活垃圾分类及处理方式。

序号	分类类别	内容	处理方式
1	可回收物	包括下列易于回收循环使用和资源利用的废弃物： ① 纸类 未严重污染过的文字用纸、包装用纸和其他纸制品 ② 塑料 废容器塑料、包装塑料等塑料制品 ③ 金属 各类废金属物品 ④ 玻璃 有色和无色废玻璃制品 ⑤ 织物 各种类别的废旧纺织异物和纺织制品	
2	大件垃圾	体积较大、整体性强、需拆分再处理的废弃物品，包括大中型废家用电器和家电等。	由物资回收企业负责拆解回收处理
3	有害垃圾	对人体健康或自然环境造成直接或潜在危害的物质，包括不可降解的塑料、泡沫、废日用小电子产品、废旧电池、废油漆、废灯管、废日用化学品、过期药品、过期化肥、水银温度计等。	单独收集贮存，定期交由上级环卫部门收集处理
4	可堆肥垃圾	适宜利用微生物发酵处理并制成肥料的物质，包括厨余垃圾、动植物类垃圾等。 其中，厨余垃圾包括食物残余、菜梗菜叶、动物内脏、水果残余、废弃食用油等。	发酵沤肥处理后返田
5	其他垃圾	上述分类以外的所有垃圾	集中转运，纳入镇级以上处理系统或就地填埋堆放

表格内容摘自《福建省农村人居环境卫生治理导则》（2016 年 6 月）

"现在，不顾资源环境的事还不少，围湖造田、围海造地、过度养殖、过度捕捞、过度放牧等现象还大量存在，种地还是大肥大药，一些缺水地区还在搞大水漫灌，秸秆、粪便、农膜还没有得到有效治理和利用"①。福建省正是通过上述各种改善农村人居环境的方式，使得乡村更加宜居，农民的生活环境越来越好。

三、和合共生的生态乡村是这样的

近年来，伴随着农业和农村的不断发展，生态文明建设的要求和效果在其中也得到了明显的体现。要建设中国的生态文明，农村生态文明的建设是重要的一个组成部分。在乡村振兴过程中，正是认识到了这一点，很多农村大力改善人居环境，改造基础设施，把和合共生的生态乡村建设要求放到了重要位置。从而，传统农村在生态文明建设方面也有了巨大变化。

从"往外跑"到"有人住"再到"住得好"

农民一直以来有"往外跑"的传统，除了最基本的生计问题无法满足以外，还有农村生态不宜居的原因。很多农村既不生态更不宜居，在经历城市相对便利、整洁的居住环境后，农民见世面、开眼界了，更不想回到各方面条件都差的农村。不宜居的农村主要表现在恶劣的环境，如卫生条件不达标、受城市工业污染影响严重、农业生产面源污染、传统"旱厕"与牲畜同室、人畜粪便及畜禽养殖污染、农村垃圾及污水严重等各种生态环境问题。农民的住房不断得以改善，但与城市便利的公共服务、生活质量、餐食饮水等各

---

① 习近平，《走中国特色社会主义乡村振兴道路》（2017 年 12 月 28 日），《论坚持全面深化改革》，中央文献出版社 2018 年版，第 404 页。

图为传统不宜居的农村住房，不安全、不便利、不整洁

方面依然存在巨大差距。即便暂时因为一些家族和父母的问题暂时留住了外出务工青年的人，可终究留不住他们的心。如果农村环境不加以改善的话，空心化的现象自然会越来越严重。

到底如何按照“绿水青山就是金山银山”的要求，让绿水青山在农村变为现实，并且再逐渐转变为金山银山，是新时代乡村振兴战略重点解决的问题。按照尊重自然、保护自然、顺应自然的要求，生态宜居的乡村建设首先从农村基础设施的改善开始。农村自来水的全覆盖，给农民带来了一个最基础的生存环境设施改造，大大提升了农民的身体健康状况。过去从农村走出来的人，抱怨比较多的一个方面就是满街横流的污水，尤其是下雨或下雪的天气，农村环境极其恶劣。新农村建设普及全国各地以后，雨水、污水管道铺设完善，污水排放得以整治和规范，群众的居住水平进一步提升。

从“吃不饱”到“吃不完”再到“吃得好”

乡村振兴战略的实施，使得昔日农村的土砖瓦房、堆放的柴草堆、随意丢弃的垃圾不知去向，村内新建的住房整齐美观，处处是一派祥和宜居的新气象。新建的农村小洋楼，楼上、楼下、电灯、电话等各种设施齐全，建筑风格迥异，无不体现了新农村的建设成果。乡村振兴战略促进了乡村旧貌换新颜。随着一系列惠农工程的落实，福建省各地的农村风貌正在改变，人居环境正在改善，一批宜居宜业宜游的美丽乡村正在不断涌现。

图为福建省龙岩上杭县太拔乡院田村整洁静谧的乡村生活

通过交通、用水等基础设施改善促进农民的增收。很多农村人都了解一个简单的道理，就是“要想富，先修路”。很多稀有优质的农产品产自偏远的山区，但苦于交通不便导致很难及时运送出去，更不要谈能够有一个较高的价格，使得价值与价格往往并不成比例。农村与城市的差距从某种程度上来讲，是公共服务和设施方面的差距。伴随国家大力支持和政策倾斜，新农村的建设逐渐开始出现显著的成效，但距离人民对于美好生活的追求依然较远，农村尤其存在发展的不充分和不平衡的问题。生态宜居的农村，除了农村基本道路设施的改善以外，更加需要补齐教育、医疗、养老等各种公共服务和设施，吸引更多的城里人到农村发展或就业。基础服务和设施的改善使得农民从传统“吃不饱”开始向“吃不完”的状况转变。但“吃不完”并不是生态宜居的农村建设的终点，农民也需要像城里人一样开始重视生活质量，“吃得好”才是新时代农民更高层次的基本生活要求。

不管是城市还是农村，要想“吃得好”，其中一个非常重要的方面，同时也是非常难解决的方面，就是对于生态环境的治理。从农业方面来看，“要加强农业面源污染治理，推动化肥、农药使用量零增长，提高农膜回收率，加快推进农作物秸秆和畜禽养殖废弃物全量资源化利用”①。这需要转变传统农业生产方式，以有机肥来替

近年来，福建省深刻认识到基层党组织和党员在“四好农村路”建设中的关键作用。福建省交通运输厅出台《关于党建引领“四好农村路”建设的指导意见》，通过实施交通堡垒工程和先锋工程，从省级层面确定党建引领“四好农村路”建设的总体思路。各地市交通运输部门根据自身实际，逐步形成贴近基层、贴近实际、富有福建交通运输特色的党建引领“四好农村路”建设品牌。针对2019年福建省委、省政府继续将建设“四好农村路”纳入为民办实事项目，福建省交通运输厅总工程师王增贤说：“我们要把实事办实、好事办好，让每条路成为致富路，每座桥成为连心桥，不断增加群众的获得感、幸福感、安全感，为坚决打赢脱贫攻坚战、实施乡村振兴战略提供更加优质的交通服务。”

传统的农村中，农民对于饮食仅限于“吃饱”的基本要求。图为农民围坐在简陋的餐桌前吃着简陋的餐食

① 习近平，《推动形成绿色发展方式和生活方式是发展观的一场深刻革命》（2017 年 5 月 26 日），《论坚持全面深化改革》，中央文献出版社 2018 年版，第 336 页。

福建省霞浦县溪南镇半月里村，被誉为“畲族历史文化名村”，是一个纯畲族村落，迄今已有300多年的历史。半月里古民居传统建筑类型丰富，建筑风格淡雅细腻，房屋构造手法特色独具，技艺精湛，蕴含着浓厚的畲族文化底蕴。2017年国家公布的改善农村人居环境示范村名单，半月里位列295个三类示范村名单当中

代化肥、畜禽粪污合理处理、农作物废弃物综合和回收利用、病虫害的绿色防控措施等来提升农村生态环境的治理效果。从工业方面来看，虽然农村工业发展相对较弱，但城镇工业污染向农业和农村转移的现象逐渐增多。在思想观念相对落后的农村，“先污染后治理”的老路很可能被认为是合理的，这是首先需要杜绝的观念。除了产业发展带来的污染问题，农村再进一步加强水源、生活垃圾、基本设施等相关的治理，“吃得好”的目的才能达到。

从“脏乱差”到“要清洁”再到“要美丽”

生态环境不断得以改善，人居环境越来好，村民拥有了越来越多的幸福感。乡村振兴战略中的生态宜居就是以农村垃圾、污水处理、村容村貌为主要方向，提升农村人居环境质量。“良好生态环境是农村最大优势和宝贵财富”①。

在农村两委积极发动和认真组织的基础上，村民积极主动参与进来，进行了有效的治理垃圾、污水行动和厕所革命。针对农村垃圾无法清运、无法处理、满地乱飞等令人棘手的问题，不同的村庄根据自身特点采取不同的方法，或引进垃圾清运公司，或垃圾回收再利用，或粉碎填埋……从而实现垃圾分类及垃圾处理，实现了村庄环境的干净整洁。村民在其中有的起到了主动参与、积极配合、投工投劳的作用，有的能够适度适量出资援助，形成了省市县补助、村委牵头、农户参与的建设方式，并取得了较好的成绩。农村传统存在的厕所陋习，如村内的简易茅厕、露天粪坑等问题，在农村由来已久。乡村振兴战略实施使原本一些农村陋习消失不见，取而代之的是干净整洁的乡村道路、每家每户明确垃圾分类的垃圾桶、整齐干净的民居、文明礼貌的村民，以前“脏乱差”的现象一去不复返。如果没有生态的振兴，不去提升人居环境的质量，乡村振兴则没有基础和底气。人居环境如今成为农民面临的最期盼、最紧迫、最直接的问题，是改变乡村“颜值”的一场革命，同时，好的生态环境也是农民隐形的“财富”。农民依靠乡村越来越好的生态环境逐渐办起了农家乐、乡村游、主题公园、农活体验、特产加工与销售等各种方式的创收活动，依靠这些创收活动取得的收益，又进一步

---

① 习近平，《走中国特色社会主义乡村振兴道路》（2017 年 12 月 28 日），《论坚持全面深化改革》，中央文献出版社 2018 年版，第 403 页。

福建省龙岩市连城县客家古村培田村有着800多年历史，是一座农耕文明宝库，更是耕读文明的活化石。每年春天，培田村会通过“春耕节”来纪念神农、纪念先祖，来传承耕读文化。在节日中，有古街巡游、春耕祭祀、犁春牛、捕鱼等各种春耕民俗活动的联袂上演，村中长者用客家方言诵读祭祀文，纪念古圣先贤，敬拜大地，向民众撒五谷感恩自然。举办“春耕节”，旨在增进人们对乡土的认同，重拾人类对土地和自然的尊重，已经成为吸引游客的又一重要品牌

促进、加大了对于农村生态环境的治理，让农村变得越来越美丽。美丽让乡村颜值高了、生活好了，各种特色产业也在这个先决条件基础上有了进一步的发展，新的生机和活力正在农村中悄然焕发出来。

第五章　人才振兴是关键环节

乡村振兴，关键在党，核心在人。在农村建设的过程中，人才是必不可少的要素。要以党建引领农村建设，就必须把人才队伍建设摆在首位。人才队伍建设首先要强调农村党组织带头人的队伍建设，其次要强化农村党员的队伍建设，再次要强化农村原本存在的人才建设，最后要吸引能够为农村做贡献的人才返乡建设。虽然现实情况显示，农村出来的人才大多在城市创业，城市人才绝大部分又没有任何想去农村工作的想法，农村面临缺乏人才之殇。但伴随着国家政策的不断倾斜，对农村人才支撑提供了一系列便利条件和优惠政策，福建同时结合自身优势，去克服农村人才短缺的困境。就基层乡镇和农村而言，农村发展、乡村振兴要早日实现，就需要聚天下英才而用之，在“引得进、留得住、用得好”人才方面下大功夫。要达到这个目的，首先要健全人才招引体制，让农村能够引进人才；其次是采取有效的人才政策，让农村能够留得住人才；再次是思考

等待人才的农村

人才使用模式创新，让农村能够用得好人才。这些方式，才真正能够让人才扎根农村、发展农村、振兴农村。

链接　建宁县溪源乡上坪村：不一样的乡村振兴之路

“旅长村支书”的新追求——记福建省尤溪县梅仙镇半山村党支部书记林上斗

（新华社记者：张玉清　黄明　张汨汨）

“半山半水半月岛，你看景色好不好？岛上千年古老树，还有鹭群来筑巢……”盛夏时节，游客们坐上竹排，听着老船工自编自唱的山歌，欣赏如诗如画的山水风光；住进民宿，感受闽中独特的风情。

这里，是福建省三明市尤溪县半山村，也是福建省10个“美丽乡村典型示范村”之一，然而谁能想到，仅在3年前，这里还是全县有名的“垃圾村”“赌博村”。发生这样翻天覆地的变化，村民们都说，多亏了他们的“旅长村支书”——林上斗。

林上斗是一名空军退休干部。从雷达兵某旅旅长的岗位上卸任后，他主动回乡，决心用自己的经验和干劲为家乡父老做点实事。

……

林上斗说：“振兴乡村，村干部必须切实担起责任，脚踏实地，开拓创新。”

林上斗上任的第一件事，就是推荐了一批人品端正、才干服众的党员干部充实领导班子。“必须加强党建，发挥村党支部的引领带动作用。”他说。村党支部成员挨家挨户走访群众，大小事宜都由村党支部和村民委员会商议后交村民代表会决策施行。强有力的村党支部，使一系列决策得以落地生根。

第二件事，是召开了30多年未能召开的全体村民大会。“村民们目光也许不够长远，但觉悟绝对不低。”林上斗说，“一定要激发他们的主人翁意识，发挥群众建设家园的积极性。”

村民们至今还记得那个飘着细雨的日子，全村男女老幼人头攒动，挤在村委会前的一块空地上，听林上斗给大家规划半山村今后的发展蓝图。

获得了绝大多数群众支持后，林上斗开始施展拳脚。“全村自觉拆除了旱厕39个、粪厂4个、猪圈18个，因发展需要砍伐绿竹12万多根。”半山村党支部副书记林上榜说，村民对这些损失至今没要求赔偿，村部就先登记存档。尤溪县政协副主席林思文说，仅以砍伐绿竹为例，先砍后赔，全县只有半山村做得到。

村“两委”遇到大事难事，都通过村民代表会、老年人会、妇女会等商讨决策，让群众由“让我干”变成“我要干”，主动参与家乡建设。

……

任村支书以来，林上斗不领村里一分钱工资补贴，不用公权为自家谋私利，村财务所有资金款项公开透明。在整治环境卫生时，他每天带头上街打扫卫生，带动村民自觉维护村容整洁，如今半山村“比城里很多小区还干净”。

“实施乡村振兴战略，村干部必须勇于担责、善于谋事，当好领头雁。”林上斗说。如今，他又在思索“跨村联建”的路子，争取带动附近 3 个村庄，共同建设美丽家园。

——摘自《人民日报》2018 年 7 月 31 日 11 版

党的十九大报告明确指出，要“培养造就一支懂农业、爱农村、爱农民的‘三农’工作队伍”。习近平总书记指出，乡村振兴靠人才，要把人力资本开发放在首要位置，强化乡村振兴人才支撑。可以说，乡村振兴关键在人，核心是人才。乡村振兴首先是人才的振兴，乡村人力资源开发是乡村振兴的第一要务。乡村发展需要人才，而唯有乡村发展了才能留住人才，二者是互促互进的关系，但要达到良性运转则任重而道远。本期新论版约请闽南师范大学乡村振兴战略研究院三位学者，分别从优化乡村第一书记制度助推人才振兴、农村社会工作人才是乡村融合的助推器、通过“乡贤反哺”凝聚乡村振兴战略人才力量等角度，深刻阐述如何构建服务和推动乡村振兴战略的人才支撑体系。

——摘自《福建日报》2018年6月4日9版

近年来，随着经济社会的发展、科学技术的进步和产业结构的调整，农业的新产业新业态不断出现，传统农业也已经向着现代化和智能化转变。2019 年 4 月，农业经理人已经同无人机驾驶员等 13 个职业共同正式成为中国新职业。现代通信技术的发展，让人们能够获取更多的农产品销售信息。比如，打开微信朋友圈，在众多的商品当中，能看到各种各样的农产品，从大米、面粉、小米、豆类等传

很多农村中，进行农业生产活动的依然以老年人为主，年轻人对于农业不屑一顾。图为在田地劳作的老人

统农产品到新鲜蔬菜和时令水果，可谓应有尽有。从每天线上线下关于农产品铺天盖地的宣传与广告，同时也看出农产品竞争激烈的销售方式。这与近年来农产品供给趋于饱和，甚至普通农产品出现过剩的状态是分不开的。无论是农产品品质，还是农产品生产经营的竞争，归根结底是技术的竞争，而技术的竞争无疑是人才的竞争。农业要实现持续发展，既需要有相关技术的人种植和生产，又需要懂得经营管理的人把农产品销售到消费者手中，后一类人才在农村是非常稀缺的。

一、新时代的“下乡运动”

伴随着乡村振兴如火如荼地开展，建设社会主义新农村对于农村人才的渴求依然严重，人才缺乏始终是阻碍乡村发展的一个重要因素。虽然中国的大学生数量近年来呈现迅猛增加的态势，但是相对于中国巨大的人口基数而言，大学生所占比例依然是少数，而农村的大学生数量更是少之又少。怎样发起新时代大学生的“下乡运动”，成为乡村振兴过程中一个关键的环节。

大学生是改变农村的知识力量

在经历了数年的高等教育之后，大学生拥有现代化的知识文化和思想观念，而这些正是当下农村所缺少的东西。早在新中国成立初期，毛泽东同志就提出并实践了知青“上山下乡”建设祖国的理想。虽然囿于当时的社会发展水平与人们在思想层面观念的不一致，知青“上山下乡”运动并未取得理想的成果，但是也为后来的乡村振兴和农村建设提供了经验和借鉴。一方面，知识不仅能改变人的命运，还可以改变一个区域甚至一个国家的命运；另一方面，新时代的“下乡运动”要多方筹谋、多重考虑，充分尊重个人意愿，为大学生提供良好环境。改革开放之后，中央政府以多种方式鼓励大学生返乡创业、从事农业科技推广、农村教育事业及乡村治理等，“三支一扶”在大学生群体中可谓是较常见的一种“下乡运动”。无疑，这些努力使得乡村出现了很大的变化，有了很大的改善，但是同时明确摆在眼前的事实依然是农村与城市之间的巨大差距。这暴露了农村人才缺口依然很大，人才数量亟待补充，但相对而言大学生去农村的数量依然少之又少，两者之间的矛盾造就了传统农村发展障碍的原因。

转变青年大学生的思想观念

新时代对“下乡运动”需要转变大学生的思想观念。从 20 世纪六七十年代知青“上山下乡”的经验教训中，我们看到了强制性的动员带来了青年的抵制和社会的不满，带来的效果也适得其反，这难免会造成社会的不稳定因素，不利于乡村振兴的实践。当代社会，大学毕业后城里就业是理所应当的职业规划。如何让大学生反其道而行之，从城里毕业或辞掉城里工作返回农村，把目光转向农村，从银行办公室走向田间地头，需要从根本上转变青年大学生的思想观念。首先，从心理上来讲，多数大学生都是来自农村，对农村存有一种天然的亲切感和归属感，是具有回乡工作的初衷的。当然，要实现乡村振兴，只凭借政府的鼓励是远远不够的，使青年大学生的思想观念发生转变，让他们能够留得下、稳得住，应该是使高素质的年轻人扎根农村的关键环节所在。转变年轻人的思想观念，除宣传相关政策、解释相关理论以外，也需要政府层面的配套措施尽快跟上，如相关的土地流转政策、农村的融资借贷手续、项目引导扶持政策等。政策的出台，要为返乡的年轻人铺平道路，提供便利，减小创业者的成本和难度。

2019年，《中共中央、国务院关于坚持农业农村优先发展做好“三农”工作的若干意见》中明确指出了对于青年大学生回乡创业的支持政策：支持乡村创新创业。鼓励外出农民工、高校毕业生、退伍军人、城市各类人才返乡下乡创新创业，支持建立多种形式的创业支撑服务平台，完善乡村创新创业支持服务体系。落实好减税降费政策，鼓励地方设立乡村就业创业引导基金，加快解决用地、信贷等困难。加强创新创业孵化平台建设，支持创建一批返乡创业园，支持发展小微企业。

培养大学生自愿“下乡”的理想观念。青年大学生不愿回归乡村的原因，大致可以归结为两点原因。一是回归农村后，无论是就业还是创业，往往需要更多的投入，但相反得到的回报却较城市更少，即投资与回报不成比例。追求利益是人的本性，对于刚毕业的大学生来说更是充满了对于利益的渴求。如果回到农村无法满足大学生的利益诉求，那是无法吸引大学生来到乡村的。二是不管是城市出身的大学生，还是农村出身的大学生，对于农村往往都抱有较深的偏见。对多数大学生来讲，从城市毕业后再走向农村是走下坡路的过程，是无法实现自身价值的。总之，乡村振兴所需要的人才，是有梦想、有情怀的人，是有学识、有资本的人，同时也是对农村有感情、肯吃苦的人。多个条件同时具备的人，会认为自己在城市打拼会获得更多的回报，远比在农村更能实现自身价值。如何扭转大学生这种思想理念，也成为乡村振兴实践过程中一个要解决的关键问题。

新时代的新时尚、新趋势

使新时代的大学生“下乡运动”成为时尚、趋势。新时代的中国具有新的特征，发展具有新的趋势。2018 年《乡村振兴战略规划（2018—2022 年）》出台，提出：整合政府、企业、社会等多方资源，推动政策、技术、资本等各类要素向农村创新创业集聚；鼓励有条件的县级政府设立“绿色通道”，为返乡下乡人员创新创业提供便利服务；加快将现有支持“双创”相关财政政策措施向返乡下乡人员创新创业拓展……近些年的中央一号文件，频繁地释放出了扶植返乡创业的利好。伴随着土地确权改革、建设美丽乡村、打赢脱贫攻坚战等一系列的重大举措，农村较之以前已经悄然发生了巨大变化，以前脏、乱、差的农村变得干净、整洁、舒适。多重举措与多种变化为乡村振兴奠定了坚实的基础，同时也创造了多样化的就业与创业机遇。通过国家和政府的鼓励与宣传，能够让大学生真正的回归农村去施展自己的抱负，让新时代的大学生“下乡运动”也能够逐渐成为时尚，成为趋势。

越来越美丽的乡村吸引着越来越多的年轻人回到家乡建设乡村

二、福建怎样克服农村人才之殇

为进一步激发农村创新创业活力，2018 年出台的《乡村振兴战略规划（2018—2022 年）》给出乡村振兴人才支撑政策“大礼包”：“实行更加积极、更加开放、更加有效的人才政策，推动乡村人才振兴，让各类人才在乡村大施所能、大展才华、大显身手”，从培育新型职业农民、加强农村专业人才建设、鼓励社会人才投身乡村建设等多方面提出了全面的人才支撑计划。为了积极促进乡村振兴战略的实施，同时结合自身特点，福建针对农村人才之殇有了本地特色做法。

党支部是主角，扮演好自己的角色至关重要

农村党支部最基本的特点是扎根农村，支部成员更应该是懂农业、爱农民、兴农村的带头人，带动能力强和群众公认的优秀人才是农村首选的支部书记人才。正如上坪村的“旅长村支书”林上斗所言：振兴乡村，村干部必须担起责任，脚踏实地，开拓创新。农村党支部如果不能充分发挥凝聚作用和带头作用，就谈不到在乡村振兴中起到引领作用，可见，认清自身角色定位并真正的付诸行动是基层党支部以及上级党组织应该着重重视的问题。农村基层党组织是党和国家方针路线的宣传者和执行者，这造就了基层党组织在乡村振兴中的主体作用，体现在作为乡村振兴战略的组织者和落实者。

2016 中国名村影响力 300 佳排行榜公布，福建省共有 10 个村榜上有名，其中龙岩市新罗区西安村位列其中。究其诀窍，正如该村党委书记章联生所言：“党建工作全覆盖，决策才能有人带，办事才会效率快”，即“给钱给物，不如有一个好支部”。这充分说明了基层党支部在乡村振兴中所发挥的关键性作用

在贯彻落实乡村振兴的政策过程中，福建省能够切实根据自身特点，重点从农村基层党

组织建设开始着手。基层党支部扮演的是团结群众的核心，是党员教育的学校，是农村群众攻克各种难题的依靠。可见，基层党支部不是纯服务性的机构，因此党支部建设首先要强化农村党支部的政治特征、时代特征，体现农村党支部的原则性与战斗特征。农村基层党组织无论是人力、物力还是财力方面都是较为缺乏的。福建省加大了对基层党组织建设的支持力度，不仅从人力、物力、财力给予支持，而且将相应的权利、责任和利益也下沉到了基层党支部，从而基层党支部既有了资源，又有了为民众服务的能力。伴随着政府工作全面向基层的延伸，农村两委的党务、村务工作开始越来越可以受到日常监督，对于防止农村腐败、小官大贪起到了重要的作用。

农村党员是坚实基础，充分发挥其模范带头作用

2019 年 9 月中共中央印发了《中国共产党农村工作条例》，关于农村工作的党内法规在其中被首次提出，体现了党和国家对农村工作的高度重视，也预示着农村人才振兴迎来重大利好。乡村振兴是一个大战略，需要各种力量从中做出贡献，需要各种人才来书写，农村党员是其中一个必不可少且关键环节的所在。农村党员在农村的数量是少数，但同时又存在着组织涣散、纪律松散

福建省寿宁县下党乡，曾经是中国贫困乡村之一。在乡村振兴战略实施过程中，党员干部带头参与到组织振兴和人才振兴当中来，既当好了基层组织的“参谋”和“助手”，又做好了人才队伍建设的“辅助员”，有技术的党员要努力成为振兴乡村的“土专家”。从而，下党从一个落后闭塞的山村，成为一个脱贫致富的典型

的特征。改革开放相当长一段时间内，受到市场经济和利益驱动的影响，部分党员身份意识弱化，将自己混在普通群众当中，迷失了作为党员的作用和意义。在这种情况下，党员这支力量在农村就显得更为弱小，没能被充分利用起来。自全面从严治党以来，农村党员队伍建设逐渐开始严抓严管严教育，发展党员的首要条件也放在了政治标准和思想教育层面。如此一来，既能保障党员的民主权利，也能根据党员自身优点在农村设岗定责，使党员在带动乡村振兴的实践过程中充分发挥模范带头作用。

农村人才是中坚力量，教育与培训必须跟上

实施乡村振兴战略，需要强化农民的自主意识和发展意识，使农民都能够真正树立振兴乡村的理想和情怀，都充满热情地参与进来成为建设乡村的主角。较城市而言，农村人才可谓数量极少。正是因为数量少的原因，更应该加强农村人才队伍的建设。农村人才队伍最直接有效的建设方式就是建立职业农民的培育机制，通过学习相关的知识和技术，培育出一批爱农业、懂技术、善经营、会管理的新型职业农民。新型职业农民的出现，对乡村振兴起到巨大的促进作用。乡村人才决定着明天谁来种

福建省长汀县组织各乡镇的种养殖大户、家庭农场主等，开展新型职业农民培训，根据当地农业发展情况及农民需求，优选符合长汀农村实际且有成功经验的特色种植和养殖项目作为培训内容。图为长汀县2019年第五期农民教育培训特色农业班开班典礼

田、谁来建设的关键问题。培养能为乡村振兴积极贡献的新型农民和专门人才，福建采取了各级协同配合、履行职责、形成合力的乡村振兴之路，即由各类教育机构结合自身专业优势向农民开展培训工作，由基层党组织开展农民思想教育，提升农民综合素质和工作能力，由基层政府寻找相应的人才，从而造就农村建设的人才中坚力量，带领全村致富。

高层人才是创新动力，人才返乡贡献农村不可或缺

在人才队伍建设中，鼓励、引导和支持有能力、有干劲、有热情的青年返乡做贡献，同时尽量吸引本地考出去的大学生能够回到家乡、服务基层，在农村干事创业。在高层次人才中，多数人从农村走出去以后依然保持着对于家乡的热情与怀念，希望把自己家乡的好东西卖到别的地方，改变父老乡亲贫困的命运。“回报家乡、造福桑梓”可谓是大多数青年大学生怀揣的梦想。从几十年来中国农村的变化来看，农村从家乡走出去打工、创业多数原因在于“吃不饱往外跑”，而伴随着国家政策越来越好，很多外出打工者陆续返乡，传统的“土地刨食”已然转变成了“地里淘金”。福建省正是充分利用了这些变化，灵活实施相关政策，将外出务工的年轻人及青年大学生吸引回来，原本并不被看好的农村，逐渐变得越来越受年轻人“待见”。乡村发展的前景引发了大量的“年轻人回流”。

鼓励社会各界投身乡村建设。支持企业家、党政干部、专家学者、医生教师、规划师、建筑师、律师、技能人才等，通过多种方式服务乡村振兴事业。全面深入推行科技特派员制度，创新选派方式、利益分配、政策供给等工作机制，加大科技人才选拔力度，促进科技特派员工作向二三产业拓展。全面贯彻落实高等院校、科研院所等事业单位专业技术人员到乡村和企业挂职、兼职和离岗创新创业制度，保障其在职称评定、工资福利、社会保障等方面权益。健全种业等领域科研人员以知识产权明晰为基础、以知识价值为导向的分配政策。允许农技人员通过提供增值服务合理取酬。建立城乡、区域、校地之间人才培养合作与交流机制，鼓励城市专业人才参与乡村振兴。

——摘自中共福建省委、福建省人民政府印发《关于实施乡村振兴战略的实施意见》

发端于福建、发源于南平的福建科技特派员工作制度，是打造科技人员与基层农民、创新创业主体相互融合的宽广舞台，派驻基层的科技特派员以最实际的行动和工作为乡村振兴奉献了知识与才智。本制度是习近平总书记在福建工作时深入总结基层工作、提升科技能力、倡导推进创新的重要工作机制。福建省始终将科技特派员制度作为重点工作深入推进，并且取得了在全国都具有影响的工作效果。该制度聚集了创新创业自愿、推动更多科技成果的转换、创建科技特派员服务基地等方式。正是在秉持“高位嫁接、重心下移、夯实农村工作基础”的思想精神基础之上，科技特派员制度愈发灵活，在助力乡村振兴层面发挥了积极的优势。

三、人才战略给乡村带来什么

人才战略使乡村文化复兴，摆脱了“无知”“落后”的帽子。人才战略除了靠本地人才以外，也可以借助其他人才来帮助当地文化建设。作为历史文化名村，上坪村正是用这种灵活的运用人才方式，使本村的古村复兴计划得以实现。在提出古村复兴计划之后，上坪村与清华同衡、中央美院、东南大学等国内外知名院校、机构合作，利用它们的人才来帮助本村对古建筑的开发与保护。专业人才通过自身的专业知识，不但对古建筑进行了保护性的开发，同时也通过对废弃屋舍的改造来引进新型零售方式和旅游要素。原本破败不堪的废旧仓库、猪圈、烤烟房、牛栏，在专家的指导下摇身变成了具有本地特色的茶馆、酒吧、书吧等充满文化气息的文体建筑。这不但对于乡村振兴起到了巨大的推动作用，也是本地文化实现复兴的一个积极有效的方式。文化复兴一个很明显的效果就是带动了乡村旅游业的发展，外地游客纷至沓来，原本只供自己使用的土味和土特产，现在成了游客争相购买的特色土特产，甚至呈现供不应求的

福建省建宁县溪源乡上坪村，是福建省历史文化名村，全国传统村落。面对该村发展情况凋敝、人口流失严重、传统技艺面临失传的危机，上坪村与知名院校、机构合作，开展了上坪古村复兴计划。该项目没有大拆大建，而是利用小型废弃农业生产设施，如猪圈、杂物间等，进行针灸式的改造，提升空间质量。这样既适应了时代的需求，又传承了传统文化，对整个村子做了整体的统筹规划，即“有的玩”“坐下来”“住一晚”“带着走”“可以晒”，从而使古村得以系统复兴。这其间，人才在其中发挥的作用自然是必不可少的。图为改造后的上坪村一角

局面。乡村旅游的发展，使得原本打工在外的年轻人纷纷回到家乡干起了农家乐，年轻人从城市带来的先进理念也成为带领村民一起致富的法宝。

人才战略使“争相跳农门”变成了“我要回农村”

提起以前的农村，多数农村人深有感触，不由得发出“出去了就不想回来”“村民基本靠外出打工”“农村环境脏乱差”“基础设施太薄弱”等感慨，来表达自己无奈的控诉及对农村的发展的期待。

农村这个曾经被认为是贫困、落后、闭塞的地方，现在通过人才战略的实施，正吸引着越来越多的年轻人回乡就业和创业。青年群体看到了农村发展的前景，继而引发了“年轻人回流”，在农村出现了一批又一批“田秀才”“土专家”等新农人。青年人才通过在城市的学习与工作经历，具有了城市的视野、格局、能力、财富等特征，伴随着他们的“下乡运动”，这些特征也逐渐普及乡村，对于乡村振兴无疑起到了巨大推动作用。以前年轻人不愿回到农村是因为缺乏必要的前提和条件，乡村不具备发展的动力源和推动力，所以宁愿在城市做一般的事务性工作，也不想回到农村扎根创业。犹如“黑洞”的城市吸走了绝大多数农村的年轻人，但伴随着乡村振兴战略的实施，年轻人回乡创业渐成气候，打破了城市“黑洞”的妖魔化。

人才战略让乡村变得越来越年轻、越来越有活力

人才引进中，重点是青年人才的开发引进，而青年代表着未来，也就引领着乡村向更年轻的方向发展。那些从农村走出去，有文化、有能力，对农村有感情的年轻人，一旦回来乡村创业，也就把朝阳和活力带回了农村。因传统农村青壮年劳动力流失严重，严重“空心化”、暮色沉沉的农村在中国普遍存在。“空心化”现象不仅是农民的老龄化，而且村干部普遍也呈现思想守旧的老龄化，地区越偏远，农村条件越差，待遇越差，整体越穷，也就越来越落后，暮色沉沉的现象就更严重。而吸引年轻人返乡就业和创业以后，农业生产经营条件得以改善，和谐的人居环境逐渐形成。通过年轻干部的引进，扶持了创业青年，带动了产业发展，农业产业开始趋于年轻化；通过改水、改厕、改灶、改垃圾回收等多种方式的环境和卫生治理，整洁干净的乡村基础设施呈现了现代化气息；通过乡村基本保障的补齐，医疗、教育等短板问题得以补齐，乡村与城市最基本的待遇逐渐趋平，乡村的“性价比”得以凸显出来；通过乡村文化的建

福建省漳平市永福镇是闽西苏区的重要组成部分，素有“红旗不倒之乡”的美誉，朱德、邓子恢、魏金水、谭震林、伍洪祥、胡少海等都曾在这里战斗过。其中的龙车村则是漳平第一个党支部、第一次革命暴动、第一个苏维埃政府诞生地，曾被人们誉为闽西红色革命的“小莫斯科”。在新农村建设过程中，永福镇首先完成了教育基地设计规划，如第一个党支部旧址、龙车区苏维埃旧址、纪念碑等设施征地15.8亩，并进一步完善基础设施建设。永福人种花，龙车也不例外。龙车海拔1000米，高海拔、低纬度是种植高山花卉的一大优势。花农大多种植蟹爪兰、瑞香、富贵籽、茶花，比镇里的提早一两个月上市，往往都能卖个好价钱。但是龙车人更多的是种蔬菜，因为花卉一年只能卖一季，风险比较大，而蔬菜种植周期短，收入相对稳定。如此一来，龙车村逐渐变身“红绿双赢”的“小莫斯科”

设，年轻人将时代潮流方向引进农村当中，农村文化已经摆脱了传统单一朴素的特征，形成了集乡村田园风光、乡村特色文化、传统民俗文化、现代潮流文化于一体的文化综合体，彰显了乡村的文化活力。

可见，人才支撑给乡村带来了巨大的变化。因此，更加需要让愿意留在乡村、建设家乡的人留的安心；更加需要让愿意“上山下乡”的人才来到乡村以后更加有信心，更加深刻认识到农村的广阔天地大有可为；更加需要打造一支优秀的强大的乡村人才队伍，形成乡村特有的人才、土地、资金、产业互动和良性循环。乡村振兴离不开人才这把“金钥匙”，抓住人才、尊重人才、用好人才是推动农业农村现代化的强力支撑。

第六章　乡风文明是重要目标

乡风文明是乡村振兴战略中一个重要目标，在乡村振兴中起到了塑造灵魂和树立信仰的作用。因此，乡村振兴既要塑形，更要铸魂。但基于文化的特殊性和多样性特征，乡风建设又是乡村振兴战略中一个较难建设的领域。乡风文明既要求新时代新思想新文化进农村、入脑袋，同时也要乡土文化回归农村，尤其对近些年的农村陋习加以摒弃，重塑新时代的乡风文明。乡风文明关乎乡村的精神风貌和农民的精神状态，要做到乡风文明就要从整体上进行规划，从部分上结合地方特色文化，从细节上推动移风易俗，从而把不良的社会风气逐渐消除，建立起良好的家风、民风、乡风，以文明的乡风助力乡村振兴。

五龙民俗广场前的文艺表演

链接　围绕文化做文章，昔日贫困的
罗源起步镇水口洋畲村迎来新生活

文化活了　旅游热了

（记者：段金柱　　通讯员：黄益辉　刘其焱）

新年伊始，清越的畲歌就回荡在罗源县起步镇水口洋畲村。元旦当天，村里成立的畲族文化创意产业园盛大开园；1月25日，罗源县首届乡村美食大赛在村里开赛，吸引八方食客；现在，村里协助筹备罗源县第十二届“畲族·风”民俗文化旅游节……

文化大餐一道接一道，村民生活越来越红火。“这几年，我们在上级支持下，持续加大投入，弘扬畲族文化，发展文化旅游，总算有点眉目了。”村支书雷文斌说。

水口洋村曾是有名的贫困村，1998年才从偏僻的山沟整村搬迁到现址。随着经济发展，村民文化需求日益增长，村里却连一块固定的文化活动场地都拿不出来。

“乡村振兴，文化先行。”雷文斌和家里人一商量，决定把自家祖厝腾出来。2016年，近400平方米的古民居改建成村文化活动中心和畲族文化展示馆，水口洋村有了固定的公共文化活动阵地。雷文斌又组织村民成立文艺队，唱畲歌、跳竹竿舞、教授织布技艺……由于离家近，活动丰富，村民参与热情很高，文化气息日渐浓厚。

……

文化活了，发展旅游有了基础。新年，畲族文化创意产业园开园，罗源县首届乡村美食大赛在村里开赛，吸引十里八乡的游客前来游玩体验，提升了水口洋畲村在周边地区的知名度。

据介绍，2019年，水口洋村计划整合桃林、瀑布等资源，与畲族文化相结合，发力乡村文化游。一方面深入打造民俗体验游，让游客全方位体验畲族文化；另一方面依托畲族文化创意产业园，展示销售各类畲族文创手工艺品。

“除了和文创设计公司、电商达成合作外，目前已有七八户村民打算成立家庭工坊，生产竹编、刺绣等文创产品。届时旅游业将增加村民和村集体收入，全面助推乡村振兴。”雷文斌说。

——摘自《福建日报》2019年1月28日1版

文明的乡风是乡村建设的灵魂，一个失去灵魂的建设是没有未来的。很多人回到农村才发现，本以为淳朴的农村依然存在着一些乡风不文明的现象，一些陈规陋习竟无法让自己真正爱上农村。比如，越来越盛的“死不起”的豪华葬礼、“娶不起”的天价彩礼、

“还不完”的人情礼金等，如果说是针对生活在农村的中青年人而言，那么，对老年人来说“老无所养”“病不起”等问题也接踵而来。可见，即便乡村生活越来越好，人民越来越富裕，可是如果没有一个文明的乡风，那么乡村振兴依然难以实现。

一、和谐的乡村，国家的地基

2019年10月29日，中央农办、农业农村部、中央精神文明建设指导委员会等部门在国新办召开发布会，在《关于进一步推进移风易俗建设文明乡风的指导意见》中，针对重点问题进行了细致回应，争取在三到五年使农村陋习得到有效遏制。首先，没有规矩不成方圆，乡风建设需要制定相应的规则。根据不同的地域特征制定符合本村的村规民约，设立红白理事会、村民议事会、道德评议会等机构，对“三斤三两”“一动不动”和豪华丧葬的攀比等陋习及其飙升之势采取约束性的措施。其次，有规则就要遵循，对农村一些陋习进行严厉整治。例如对一些利用婚丧嫁娶进行敛财等违法行为大力查处，对农村婚介机构进行严格管理等。再次，规则上升至法律，完善相关法律势在必行。仅仅依靠村规民约是不够的，还需要进一步加快完善相关的法律。因此，《中华人民共和国民法典》中增加了树立优良家风、弘扬家庭美德、重视家庭文明建设等条款。

推进文明乡风建设。推动出台推进文明乡风建设的指导文件，配合做好农村精神文明建设示范县和文明村镇创建活动。引导农民践行社会主义核心价值观。大力推进移风易俗，充分发挥村规民约的作用，采取群众认可的约束性措施有效遏制婚丧陋习、天价彩礼、孝道式微、老无所养等不良社会风气。研究制定国家重要农业文化遗产保护传承指导意见，组织开展第五批中国重要农业文化遗产认定，做好全球农业重要文化遗产申报工作。办好庆祝新中国成立70周年相关文化、体育活动和中国农民丰收节。

——摘自中央农村工作领导小组办公室 农业农村部《关于做好2019年农业农村工作的实施意见》

上述指导意见最大的意义就在于在农村确立了积极稳妥的治理导向。国家与政府能够从整体层面对乡风建设制定相应的规则与政策，但最终真正去落实与践行的还是广大农村的民众。除了治理以外，还需要加强宣传引导。在立规矩、严整治的同时，引导农村青年抵制高额彩礼、创新农村婚丧宴席的举办方式等，也能够起到重要的作用。“百里不同风，十里不同俗。”根据不同的地域特色，结合不同地区的文化差异，形成多样化的民俗风格。无论是党的十九大报告，还是中央出台的各种关于乡村振兴战略的文件，都要求乡风文明贯穿于乡村振兴的各方面。乡风文明建设有助于深化乡村振兴的内涵，能够更好地推动乡村振兴战略的实施和推动。

伴随着生活水平的提升，农民对于文化的需求变得越来越高，并且越来越重视。很多乡村开始充分利用现有资源，创建党建文化宣传墙、青年之家、老年活动室、图书室、妇女之家等各种形式的文化建设方式，起到了以文聚人、以文悦人、以文化人的作用。图为福建长汀涂坊乡农村中在原有祠堂的基础上，进一步修建改善成为老年活动室，黑板上写了最近他们排练的曲谱

乡风文明建设既包含了最基本的文化教育、医疗卫生事业的进步、基本公共设施的改善，例如“引导规划、建筑、园林、景观、艺术设计、文化策划等方面的设计大师、优秀团队下乡，发挥好乡村能工巧匠的作用，把乡村规划建设水平提升上去。乡村振兴不要搞大拆大建，防止乡村景观城市化、西洋化，要多听农民呼声，多从农民角度思考……打造各具特色的现代版‘富春山居图’”①。同时更加涵盖了社会主义核心价值观的弘扬、良好村规

① 习近平，《在中央农村工作会议上的讲话》（2017 年 12 月 28 日）。

村约与乡村习俗的传承、乡村传统文化与现代文明的融合等。从基本层面着手抓乡风建设，也从核心的精神层面助推乡风建设，实现了乡风文明建设的与时俱进。文化建设是乡风文明的一个关键因素，而文化在乡村中最明显的体现就是农耕文化、地方特色文化、乡村民俗文化，因此可从这三个部分着手。

对农耕文化当中的优秀文化进行深入挖掘和发展

中国自古以来就是一个农业大国，至今依然没变。中国农耕文化起源较早，并形成了多种多样的具有中国特色的农耕文化形式。如果说文化是一个国家的精神财富，那农耕文化可以说是中华文化的基本特征，占据了中国精神财富的基础位置。农耕文化深刻体现了儒家思想中“天人合一”的人与自然和谐共处的理念，让人们更加明确地认识到尊重自然、敬畏自然、顺应自然的重要性。同时，农耕文化也在一定程度上约束了人们在生产生活过程中的行为规范，起到了调节人与人之间的道德约束作用，如在农村社会中有礼尚往来、父慈子孝、互帮互助等社会规范。可见，农耕文化为乡风文明建设提供了基本的文化支撑。

日本在传统文化保护方面值得我们借鉴。日本上至政府下至普通民众，都参与到传统文化保护当中，真正做到保护传统文化从我做起，全面参与。政府不仅给予资金支持和精神奖励，还颁布法令明确各级地方政府和社会组织以及个人关于传统文化保护的权利与义务。图为京都沿袭日本传统习俗正在举行婚礼的新人

传承与发扬地方特色文化，推进移风易俗

乡村地方文化是社会发展过程中，由村民在生产生活中自觉自发形成的一种约束民众的道德规范，是村民共同创造、共同遵守、共同约束的文化规则。伴随着社会的进步，农村在乡风上已经发生很大的变化，一些地方文化特色正在逐步消失或转变，传统的乡村道德观念逐渐淡泊，取而代之的是人际关系的功利化和人情社会的商品化，原本规范社会秩序的地方文化和风俗习惯开始逐渐瓦解、变质。没有了传统地方文化和风俗习惯的约束，部分农民逐渐失去了本应承担的社会责任，淡化了社会公德意识，甚至家人之间的感情也日益淡漠，违背了传统的社会伦理和风俗约定。可见，要提升农民的精神风貌，重拾传统文化，推进移风易俗在乡风文明建设中也会起到关键的作用。

2018 年 8 月 28 日上午，一座由旧水电站改造的月溪花渡图书馆正式开馆。该馆总建筑面积约 1000 平方米，设计藏书量 12000 册，开馆后已上架 6000 余册。福建永泰松口镇月洲村的月溪花渡图书馆，处于有世外桃源美誉的月洲村内，是中国第一个以民间工艺美术为主体的公益图书馆。改造后的图书馆，窗内书香满屋，窗外乡村景致迷人。图书馆不仅为村庄带来了文化气息，更重要的是为当地留守儿童提供了一个能够与城市同龄儿童具有同等读书和交流的地方，是月洲村保留传统文化、传承精神、普及现代文化的好去处。图为月溪花渡图书馆一角

加入新时代元素，培育新时代农村公共文化

农村公共文化的培育离不开乡村地方文化和传统风俗习惯的基

础。培育农村公共文化有助于维系村民之间的日常情感沟通，有利于保障村民的文化权利并提升村民的生活幸福感。新时代的农村具有新的特征，农民作为乡村振兴的主体，在乡村振兴中起到了主体作用，因此在乡风文明建设中也必须尊重农民的主体地位。乡风文明建设要以农民的实际需求作为出发点，举办公共文化服务活动，推进公共文化服务体系建设，如对于农家书屋、乡村图书馆等的建设。乡村文化离不开社会主义先进文化的引导和浸润，先进文化有助于帮助村民树立正确的价值观，科学知识的普及则有助于村民改变传统陋习，养成科学良好的生活方式。

二、文明的乡风，福建乡村建设的追求

乡村振兴战略五个方面的总体要求中，乡风文明在其中扮演了最沉稳、最基本、最持久的力量角色。文明的乡风在提供优良的人文环境基础上，能够有效实现生态宜居的目标；文明的乡风在吸引城市资源要素转移的过程中，能够有效达到产业振兴的目

来自基层的道德模范，用他们的先进事迹感召群众，对于在全社会大力弘扬社会公德、职业道德、家庭美德，营造知荣辱、树正气、促和谐的社会风尚，促进社会主义核心价值体系建设，为经济社会发展提供强有力的思想道德保障，具有十分重要的意义和作用。图为第六届全国孝老爱亲道德模范温金娥，于 2019 年 5 月 9 日应龙岩学院马克思主义学院邀请，带着自己那一份特殊的“家国情怀”为莘莘学子上了一堂特殊的思政课

的；文明的乡风在迅速转化农民思想的同时，能够有效促进乡村治理的进程；文明的乡风在吸引众多优秀人才参与建设的基础上，能够同时有效实现人才振兴的目标。福建通过培育文明的乡风来涵养乡村振兴，由此形成了具有自身特色的乡风文明培育方式。

转变思想是目标，舆论导向是关键

乡风文明培育的重要性，不仅需要广大民众要认识到，而且需要各级政府及工作人员必须有清醒的认识。乡风文明要将社会主义核心价值观与民众的生活密切结合起来，真正将文明落到实处、落到细处。例如实施公民道德建设工程，将农村的道德教育资源充分挖掘出来，推进社会公德、职业道德、家庭美德、个人品德的建设。福建上杭县开展青年志愿者活动，并且已经形成相当大的规模。通过志愿者活动，将中国特色社会主义、中国梦、家庭美德、社会公德、环境治理等各种

近年来，福建省龙岩市力争把古田打造成以延安、井冈山为标杆的全国党员培训教育基地。如今，已经形成了以古田干部学院为基地，以古田会议旧址群等 9 个市级核心现场教学点和 97 个“红色经典、绿色生态、客家文化、特色产业、社会治理”五类主题特色鲜明、优势互补的现场教学基地群为配套的古田干部学院培训阵地，并依托古田党员干部教育培训基地，通过古田干部学院与全国知名院校，国家部委，各省、市单位院校，部队单位等开展合作办学，在古田设立分校（分院）、教学基地或教学点，实现资源共享、优势互补。全国各地党员干部源源不断到此参加党性教育培训，体验红色文化，感受“红古田”精神，促进龙岩市红色文化产业高质量发展。“红古田”文化品牌从全党全军的古田开始逐步向全民全社会的古田拓展。图为福建龙岩古田会议旧址一角

相关知识宣传到了街头巷尾、千家万户。这种方式对于弘扬正能量，建设文明的乡风无疑起到了巨大的推动作用。

乡村的文化基础是农耕文化。弘扬正能量并非单纯地把当代文化强塞给每个村民，有必要与当地农耕文化加以融合，从而让每个人都更加容易、更加顺利地接受社会主义核心价值观。福建省通过以下方式来做到这个要求。首先保护古村落、古树、传统农具、传统餐具、特色民居等具有农耕文化物质形态元素的设施和事物。正是这些设施和事物让人们更加守得住乡村、记得住乡愁，也正是这些设施和事物与当代文化的结合，让村民更加容易接受新的文化。其次，像“故宫让文物活起来”一样，让体现农耕文化的设施和事物再一次活起来，如通过让前来游览的游客亲自体验这些传统设施，进而体会传统农耕生活，并且参与到农耕节庆相关的活动中去，体现了人与自然和谐之美。再次，文化品牌建设也很重要。农耕文化虽然基于农村生活和农业生产而产生，但是并不是所谓的不“洋气”，而是也需要有品牌存在的，并且建设品牌农耕文化在乡村振兴过程中也是非常有必要的。例如“红古田”这一类村镇品牌的建设以及本土品牌的建设等，都是打造文化名片、提升特色文化知名度的有效方式。

客家木偶戏也被人誉为“十指绝艺”，根据情节不同，每个木偶身上会有 16 到 36 根不等的连线。加上服装和道具，单个木偶有 2—5 公斤重。演员在演唱的同时，要隔着 2 米高的背景幕布，站在 5 米长 3 米宽的高台上，操纵木偶做出行走、下跪、腾跃乃至书法绘画等动作，难度非同寻常。近年来，上杭大力传承和发展木偶戏文化，打造留住“一片乡愁”。图为上杭正在演出的木偶戏

落到实处是目标，文化道德是关键

新时尚、新风尚、文明素养、文明习惯仅仅在口头上，是无法实现乡风文明目标的，需要最终落到民众的实际生活和工作过程中。落到实处，即将道德风尚与村规民约结合起来，将遵守法律法规与农民生产生活实际结合起来，将规范民众言行与传承乡风、家风、民风结合起来。文化道德建设重点在于以社会主义核心价值观为引领，深入挖掘具有本地特色的优秀传统文化中的思想观念、道德规范、人文精神。结合民众文化水平特点，修订通俗易懂、民众认可并容易执行的村规民约。结合民众喜爱的文化形式，开展具有新时尚、新文明、新规则特征的文艺演出、培训、展演。结合民众偏爱本土文化的特征，充分挖掘乡土文化本土人才，既保护传承又创新发展，与时代特征、道德规范、教育目的紧密结合，从而既传承创新了本地优秀传统文化，又培育了文明的乡风、淳朴的民风和良好的家风。

如图中所见，农村中很多传统手工业由于其本身的复杂性以及相对盈利较少等原因，正面临着失传的危机

在传承乡村民俗文化过程中，福建更重视特色小镇和乡村示范村的建设。特色小镇和示范村有效结合了当地特色，让乡村民俗文化有了重要的发展依托，更多人开始了解并熟悉本地的民

俗文化。特色小镇和示范村使得村落民俗传统得以传承，其中包括当地故事、诗歌、童谣、歌舞、戏曲、美术等各种艺术形式。这些民俗传统能够充分利用的话，就能够吸引更多的人关注这个领域，甚至能够通过传播把这一类文化直接带到城市每个人的眼中耳中心中。乡村民俗文化的传承，也包含了传统手工艺、乡土行业的传承和发展。乡村旅游最能体现传统手工艺和行业的特色，并且最能带动这些工艺和产业的发展，如本地小吃、陶瓷器制品等具有本地特色的文化产业。这些工艺品，一方面给游客带来了视觉、味觉、触觉等感官享受，另一方面激起了游客的购买欲望，带动了经济的发展。

2018年3月，福建省印发《关于实施乡村振兴战略的实施意见》中的“围绕乡风文明，繁荣兴盛农村文化”要求：弘扬八闽优秀传统文化。切实保护好优秀农耕文化遗产，积极培育新乡贤文化，大力弘扬红色文化、闽南文化、客家文化、妈祖文化、朱子文化、船政文化、海丝文化、海洋文化、福建书院文化、畲族文化、闽都文化和陈靖姑文化等。深化传家训、立家规、扬家风活动。支持农村地区优秀戏曲曲艺、少数民族文化、民间文化等非物质文化传承发展。划定乡村建设的历史文化保护线，保护好历史文化名镇名村和文物古迹、传统村落、民族村寨、传统建筑、农业遗迹等。

整体推进是目标，“一张蓝图”是关键

乡村振兴战略的总体规划中，涵盖了产业发展、乡村治理、生态建设等各项工作，乡风建设自然要与这些工作一同安排、一同统筹、一同推进，创建同一张“蓝图”。在与其他领域共同绘制蓝图的同时，乡风建设也需在乡村特有的性质基础上，与本地优秀传统文化、乡村精神文化活动等密切结合起来共同建设。乡风的建设，同时离不开职能单位、党组织、社会组织等各方面的支持，通过各方的积极参与，将任务细化、责任压实，提高效益。

在乡村振兴战略整体规划中，必不可少的就是农村公共文化的培育。针对这一要求，福建充分尊重了农民主体地位，一方面积极转变政府职能，以农民实际需求作为自己工作的出发点；另一方面

通过支持和鼓励民间相关组织，发动主办一些公共文化服务活动；再者以民间艺人、文化能人为龙头，带动村民积极参与到乡村的公共文化宣传队伍中来。另外，文化有助于塑造人的灵魂，而先进文化在乡村中起到了重塑乡村文化生态的作用。乡村书吧、图书馆、影院、戏台等各种传播先进文化的基础设施的建设和使用，为村民提供了传播优秀文化的平台。社会主义核心价值观的传播、科学知识的普及、正确信仰的树立等都可在这些平台之上得以实现，村民中开始出现一些正确的价值观念和积极的生活方式。这些，与农村公共文化的培育所起到的作用息息相关。

三、家风、民风、乡风与中华优秀传统文化

2019 年 4 月莆田市文化和旅游局会同各成员单位研究制定了《莆田市推进乡村文化振兴工作方案》，“遵循政府主导、社会参与，整体推进、分类指导，凸显特色、讲求实效，培育品牌、惠民利民的原则，至 2022 年，全面梳理、挖掘、提炼和合理利用我市乡村文化资源，提升乡村特色文化的知名度和影响力，加快推动形成文化阵地有效、文化活动常态、文化标识明显、文化氛围浓厚的乡村文化振兴格局”。这一工作方案的出台与实施为乡村文化振兴和乡风文明建设工作的扎实有效推动起到了重要作用。同时，工作方案也体现了乡

一个个永定家风故事为“土楼公主”增添了不一样的景致，吸引了不少游客的目光。图为福建永定“土楼公主”振福楼

风文明和乡村文化振兴紧紧围绕“繁荣兴盛乡村文化”这一目标，以社会主义核心价值观引领“一张蓝图”，以乡村特色文化挖掘和传承发展留住“一片乡愁”，以营造乡村文化气息、提升农民文化素养打造“一支队伍”，整体布局与细节实施全在其中。

制定“一张蓝图”

整体规划，制定科学的家风、民风、乡风与中华优秀传统文化相结合的“一张蓝图”。文明乡风的建设是一项系统复杂的工程，其整体建设关键在于清晰的思路、明确的任务、顶层的设计、科学的道路，才能达到事半功倍的效果。如莆田乡村文化振兴的工作思路就是“塑形又铸魂”“特色且现代”“民风加乡风”，一方面加强村民的思想道德建设但不忘提升农民整体素质，一方面传承乡村优秀传统文化但与农村的现代化发展不分离，同时培养朴实民风但又树立乡村文明新气象。从乡风文明建设的整体规划出发，能够突出问题导向，轻松找到乡村文化振兴工作的着力点。在整体规划中，也同样离不开对于乡村文化基础设施建设的硬件要求和乡村文化活动供给的软件服务，以提升农民享受文化服务的

莆仙戏是福建五大地方剧种之一，被称为“宋元南戏活化石”。该戏种是福建省莆田、仙游地域文化的积淀与结晶，源远流长，博大精深，既扎根优秀传统文化，又与现代文化有效接轨，深受观众的喜爱与欢迎。因此，莆仙戏对当地的民俗、语言、民族心理、民族习惯、文化艺术和社会生活具有潜移默化的深远影响。图为莆仙戏演出现场

便利性。如莆田在文化振兴建设中，利用古厝、祠堂、礼堂、戏台等特色文化资源建设的特色文化服务阵地，补齐乡村文化建设中的短板，成为乡村文化基础设施的硬件建设体现；同时，农民喜闻乐见的莆仙戏文明小戏、文艺作品、出版物、电影电视等文艺文化产品在乡村广泛传播，既反映了农村生活，增加了乡村文化活动供给，又丰富了乡村文化活动的软件服务。

近年来，福建省闽侯县坚持把移风易俗作为精神文明建设工作的重要内容来抓，用形式多样并且“接地气”的宣传方式，讲群众能听懂的话，说群众爱听的话，尽最大可能让群众理解宣传内容，把移风易俗理念传播到每个群众的心中。图为闽侯县后福村移风易俗主题公园

留住“一片乡愁”

坚持现代化建设与乡土文化传承，留住“一片乡愁”。“乡愁”是一个村子传承文化的必然要求，也是乡村文化振兴的应有之义。乡村传统文化如果完全被现代化的设施、服务体系、文化氛围所替代，那么就无法体现中华民族博大精深的传统精髓。因此，乡村文化建设首先要做到的就是传承活态的乡村传统文化。每一个村子都具有不同的文化流传和文化

图为正在学习演奏客家优秀传统古乐五色锣鼓的小学生们，他们每周一、三下午课外活动时都会来到永定湖雷中心小学的少年宫学习五色锣鼓的演奏

氛围，并且形成独具特色的文化底蕴。例如永定湖雷的“五色锣鼓”文化，是中国民间音乐的瑰宝、客家民乐的精华。显然，这一文化瑰宝不能因为表演时复杂的节奏变换方式而被遗弃。对此，每周一、三下午的课外活动课，在湖雷中心小学的少年宫总能听到有节奏的锣鼓声，正是学生在学习演奏客家优秀传统古乐五色锣鼓。这种方式既弘扬了优秀客家文化，从“娃娃抓起”培养和学习传统优秀文化，又对传承无色锣鼓这个非遗项目起到了重要作用。通过对传统优秀文化的挖掘与弘扬，使农民更加容易接受从小耳濡目染的文化中所宣扬的优秀文化，并且通过对传统文化的开发与保护，更加有利于将社会主义先进文化以及社会主义核心价值观注入其中，起到潜移默化的教育作用。留住“乡愁”亦需将文化价值与经济价值相结合相统一，如开发具有地方特色的文化创意产品等方式，促使其成为支撑本地区振兴发展的宝贵财富。

培养“一支队伍”

培养一支拥有高素质农民和新时代新乡贤的人才队伍。乡村文化振兴需要激活乡村文化的内生力量，新时代高素质的农民与新时代新乡贤的人才队伍正是激活乡村文化的重要力量。针对人才外流的现状，有必要通过多种方式将人才吸引回乡支持家乡建设。人才的回流能够有效地组成一支“新乡贤”队伍，给乡村文化注入新鲜血液，同时可以通过乡贤文化来带动生活在农村的能人真正关心并参与到乡村的公共事物当中，而将这些乡村能人吸引到队伍中来。将人才吸引回到乡村以后是不够的，还要加强政策激励。例如开展乡贤回归试点示范，充分了解乡贤回归意愿和需求，并有针对性地完善相应措施、做好对接服务，最大效率地做到人才回流且真正留下。一旦这支人才队伍建设好，就需要通过这支队伍的力量和精神来体现文化建设。例如通过展示革命先烈、道德模范、劳动模范、优秀基层干部等各种先进典型，来将乡贤文化融入乡村文化振兴和美丽乡村的建设工作中来。

乡风文明建设也离不开移风易俗。这就需要对农民思想观念加强教育，树立正确的价值观，如设计一些相关的宣传彩页或手册，定期进行发放和宣传，以提高村民的思想觉悟。尤其是对于近些年所形成的排场与攀比之风、铺张浪费等现象要进行移风易俗的宣传教育，对于婚丧嫁娶要有一个明确的办事规定和健康文明的行为。移风易俗同样需要村规民约在其中发挥作用。村规民约一般都是由村民主动参与、建议、决议并最终形成的村民约束制度，可以把移风易俗相关内容加入村规民约当中去，以起到更好的约束作用。移风易俗需要榜样和典型的作用。首先，村子两委的党员干部要起到模范带头作用，以身作则、率先垂范；其次，普通党员要严格遵守移风易俗的约定，树立模范典型。通过树典型的导向作用，可把移风易俗的要求落实到每一个村民的身上，让移风易俗成为新时尚。

第七章　有效治理是评价标准

近些年，伴随着乡村振兴战略的实施和乡村治理的要求的提出，全国各地涌现出了各种各样鲜活的具有实用性和可操作性的案例。这些案例有的从村落整体出发，有的从村民个体出发，有的从治理体系出发，各自创建了具有地域特色的乡村治理典型。中国总体面积大，农村在其中占据了较大的比例，相对而言，治理难度较大的“毒瘤”也往往存在于广大农村。因此，我国乡村治理体系总体还比较薄弱，治理方式和治理手段不能紧跟时代步伐，治理效果也相对较差。于是，政务公开走过场、村民自治形式主义、农村集体资产流失、损害农民利益等现象依然存在着，尤其是一些农村黑恶势力和宗教势力的盛行，更加严重影响了农民的生活质量，无法体现社会主义核心价值观的弘扬与践行，造成了不文明的乡风盛行。针对这些现象，2019 年 6 月在浙江宁波召开的《全国加强乡村治理体系建设工作会议》中，农业农村部明确了乡村治理的工作方向、施工图及时间表，指出：“各地在制定乡村振兴实绩考核制度时，要把乡村治理作为重点考核内容。今年计划开展中央一号文件的贯彻落实情况的督查，这次督查也将把乡村治理作为重要的内容之一，所以要深入了解各地工作开展情况，以及在政策落实中存在的突出问题。瞄准乡村治理的重点领域和关键环节，为加强和改进乡村治理创造更良好的局面。”

链接　新罗区小池镇培斜村：发挥党建作用，助力乡村振兴

厉害了，这个村支书

（记者：张杰　戴敏　　通讯员：温连光）

50多岁的华锦先，自1996年担任村支书以来，带领村民紧盯市场抢抓机遇，推进产业优化升级，昔日的贫困村实现华丽转身，竹器加工、茶业种植、乡村旅游、电子商务"四大引擎"齐头并进，闯出一条"支部谋发展、党员争示范、群众齐参与"的党建富民强村之路。华锦先本人也先后荣获全省优秀共产党员、省基层最美人物之最美"村官"、省敬业奉献道德模范、省美丽乡村领头人等称号。

"村子富不富，关键看支部；支部强不强，关键看头羊。"华锦先说，选优配强村级班子，是带领群众致富的关键。上任之初，他就把规范运作作为班子成员必须遵循的规矩。同时，将所有制度汇编成《培斜村制度汇编》，印发给广大村民，既让村民知晓，又接受村民监督。由于坚持制度规范，村党支部班子的党员群众满意率均达100%。

"当'村官'除了要有公心，一碗水端平，还要主动适应时代发展，把握市场脉搏，转变村民观念，才能发挥群众力量，带领大家共同致富。"1993年，华锦先率先筹资2万元办起全村第一家竹席加工厂，在他的带领下，全村掀起办厂热潮。短短几年里，培斜村就创办了42家竹凉席厂，发展成为年产竹席165万床的"竹席之乡"。

竹席产业蓬勃发展之时，他居安思危，致力寻找新的经济增长点。2003年初，他利用村里自然优势，引进茶苗率先试种20亩。在他的带动下，全村掀起茶叶种植的第二轮创业浪潮，并探索出"支部+协会+农户"的发展模式。现全村茶叶种植面积1500余亩，茶叶加工厂10家，还注册了"小池"牌茶叶商标。

发展竹茶产业致富后，他开始把目光投向生态旅游和电商产业。在党支部引领下，通过以村集体支持、村民参与、合作社入股形式，按"三三制"筹资比例筹集1000万元，并采取公司化运作模式，开发九溪庐景区和乡村旅游。现在，投资3.5亿元的沉缸工贸旅游综合体项目等大项目相继

落户村里。

2012年，他瞄准市场前景广阔的电商领域，建成“龙岩培斜淘宝村”，探索出一条产业转型升级的新路子。目前，以竹席、茶叶为主要商品的20家淘宝网购实体店和120多家网购店已投运，2016年营业额超亿元。

“全村80%的农户和企业被评为‘十星级文明家庭’和‘文明厂’。”华锦先高兴地说。现在，村里五人足球场、篮球场、网球场、游泳池、步行道、阅览室、健身房、乡村大舞台、乡村KTV等休闲健身娱乐设施一应俱全，森林面积达13800亩，森林覆盖率95%，加工废水和生活污水达标排放，是全国文明村、省级生态文化村。

——摘自《福建日报》2017年8月14日2版

2019年中央一号文件明确要求完善乡村治理机制，保持农村的和谐稳定。乡村的有效治理是乡村振兴实施效果的评价标准之一。乡村治理得越有效果，证明乡村振兴战略实施的效果就越好，反之，就体现不出乡村振兴战略实施的意义。乡村治理并不是单纯的生产生活环境的治理，而是通过加强农村的基层工作，让整个乡村形成自治、法治、德治相结合的乡村治理体系，既要有良好的生态环境，又要有充满活力、和谐有序的人文环境。

一、乡村治理的要求在哪里

近些年，伴随着税费时代的到来，基层党组织与基层政府逐渐呈现悬浮化的特征，也就是说基层政府在乡村治理中难以扮演唯一治理主体的角色。尤其是农村的黑恶势力、宗族势力、家族势力开始抬头，多个村庄出现“恶人之村”“家族之村”“强人治村”的现象。伴随着乡村一步步地弱化下去，乡村无法为年轻人提供更为广阔的发展天地，基础设施建设没有跟上等一系列问题的出现，乡村开始出现人口的大量流失和空心化现象，农民老龄化急剧上升。很多乡村表面上具有完整的自治体系，但是自治主题缺失，自治流于形式，基层政府在其中难以起到应有的作用。诚然，中央政府必然关注到这一问题，并且一步步提升对农业的反哺力度。然而，农村基层政府的悬浮化与失灵状态往往导致大量反哺资源被浪费、被霸占，这与中央政府原本满足农民需求的愿望背道而驰，大量的形象工程出现、反哺资源被寻租引发农民不满等问题接踵而来。可见，要改变农村的这种现象，就要从根源开始寻起，而根源就在于农村要完善乡村自治，让农民真正监督、罢免乡村基层领导，并真正具有选举权，自己来选领导人。通过完善乡村自治，能够有效防止乡村基层官员在反哺政策中出现寻租、欺上瞒下、形象工程等问题出现，充分提高乡村振兴战略实施及乡村振兴资源的利用率和效果。多年来，乡村空心化的现状存在且较难以改变，导致村民自治主体的严重缺位。可见，这一现状也是能否完善乡村自治的一个关键环节。针对这一现状，可以通过引进乡贤及人才资源、引进乡村文化资源、加强乡村基础设施建设、发展特色产业等一系列方式来逐渐化解矛盾，将乡村振兴引入正轨。不管是文化建设、人才引进、产业发展，还是提升社会道德、传承民族精神、发扬本土文化、弘扬正确的价值观等，无疑能够起到正确的引导作用。本土文化的传承与发扬在乡村自治中具有其不可替代的作用，但是对于一些封建迷信等不利于弘扬社会主义核心价值观的本土文化应该果断地抛弃，而一些传统的风俗习惯、民族禁忌等具有一些正面价值的，应该合理扬弃。另外，还可以将一些纯公益的社会组织引入乡村自治体系中来，这些组织能够为乡村的发展提供有益的经验和借鉴，同时对农民提升精神层面具有莫大的帮助。因此，乡村治理涉及农村建设的方方面面，有效整合乡村治理资源，催生内部治理动力，借助外部资源能力，才能够在治理中加快乡村振兴的步伐。

2019年《中共中央 国务院关于坚持农业农村优先发展做好“三农”工作的若干意见》中指出：持续推进平安乡村建设。深入推进扫黑除恶专项斗争，严厉打击农村黑恶势力，杜绝“村霸”等黑恶势力对基层政权的侵蚀。严厉打击敌对势力、邪教组织、非法宗教活动向农村地区的渗透。推进纪检监察工作向基层延伸，坚决查处发生在农民身边的不正之风和腐败问题。健全落实社会治安综合治理领导责任制。深化拓展网格化服务管理，整合配优基层一线平安建设力量，把更多资源、服务、管理放到农村社区。加强乡村交通、消防、公共卫生、食品药品安全、地质灾害等公共安全事件易发领域隐患排查和专项治理。加快建设信息化、智能化农村社会治安防控体系，继续推进农村“雪亮工程”建设。坚持发展新时代“枫桥经验”，完善农村矛盾纠纷排查调处化解机制，提高服务群众、维护稳定的能力和水平。

2018 年，福建省确定了 10 个省级农村社区试点“三社联动”，提高基层社会治理水平。这种以社会工作者为主导、社会组织为载体、城乡社区为平台的管理模式，让乡村治理更有效。“三社联动”机制为提高乡村治理能力与公共服务供给水平，提供了一套全新方法，活化了多元社会力量，助力了农村社区发展与建设

21 世纪以来，国家的工业化进程加快，城市化发展迅猛，在经历了农民进城务工、人才流失的历史以后，农村传统社会结构开始出现解体和变化，乡村治理随之出现新的特征。首先机构改革使乡镇政府的权力逐渐下移，村级的治理力度开始加大，乡村的公共服务体系及基础设施建设得以完善。其次，国家对城镇化发展给予了大力支持，乡村治理过程中加入了农村集体经济组织、新型农业经营主体等各种元素，给乡村治理带来了更加多样化的方式和途径。再次，民间组织壮大起来，“乡贤理事会”、乡村的各种“联谊会”成立并发展起来，为乡村治理提供了更多的人才基础和力量储备。最后，新时代乡村振兴的人才举措为乡村带来了前所未有的人才返乡和少数成功人士在乡村治理中的参与，“能人”和人才话语权在乡村治理中越来越大，给乡村带来了各种发展的机会。同时，依然存在的乡村特有的小团体、组织、家族等利益群体，伴随着乡村利益格局的改变发展越来越快，逐渐成为左右乡村选举、重大事

宜、治理方式的重要力量。这些力量的变化，使得在乡村治理过程中，治理主体多元化的格局开始形成，逐渐体现了乡村治理的新特征。

二、发挥优势，福建这样治理乡村

新中国经历了70年的风风雨雨，见证了中国共产党领导中国人民自力更生、艰苦奋斗、创造奇迹的历程。从城市化建设的进程，再到乡村振兴战略的提出与实施，中国共产党在其中都起到了无法替代的作用，而这也是党的群众路线贯彻落实的生动体现。邓小平同志曾经直截了当地讲：“什么叫领导？领导就是服务。”正是不断地进行自我革新、保持先进性，不断进行党的建设，才有了今天的中国共产党在一切工作中主体体现、依靠群众、服务群众、促进发展的工作机制。福建乡村振兴战略实施取得了较大成效，与不断进行党的建设无疑是分不开的，与党员干部“做好新时期‘店小二’，争当‘五星级’服务员”的观念是分不开的。党员干部为人民服务的形式出现了多样化特征，但为人民服务的宗旨却始终没变。

2019年4月4日，福建省长汀县新桥镇江坊村成立全县首个村级乡村振兴理事会。该理事会由村两委干部、江坊籍老党员、退休干部、外出乡贤、村民代表组成。选举乡贤、原龙岩市科委主任江流任会长，南京农林大学博士生导师、农业农村部专家江汉湖等乡贤为顾问。当天，该镇党委、政府为理事会授牌，这标志着江坊村立足新起点，开启乡村振兴新征程。2019年，长汀启动农村空心房重点整治，江坊村以“党建+理事会+空心房整治”模式，深入推进“空心房”整治。村党支部充分发挥乡村振兴理事会作用，动员理事会成员召开村民小组和宗亲会议。理事会成员带头拆除，带头签订协议，带头拆除空心房，对于乡村治理起到了非常积极的作用

福建省大田县探索实践党组织领导下的自治、法治、德治相融合的乡村治理体系，着力抓落实、抓创新、抓提升，构建起“以党组织为引领，以推进乡村治理现代化为核心，集加强基层党建工作、规范村级事务管理、营造优质服务环境为一体”的农村基层治理体系，走出了一条党建引领乡村治理现代化的“大田路径”。图为大田县前坪乡上地村党支部书记林佳山打造的“山间货栈”，通过“线上+线下”模式销售农副产品

在乡村治理中，福建始终坚持党的领导核心地位，根据不同区域特征在不同的乡村建立起科学高效的乡村基层组织体系，使乡村治理有了坚强的领导核心力量。新时代乡村经济社会的发展使乡村发生了巨大的变化，只有不断地加强基层党组织建设、完善基层组织建设体系，才能真正构建乡村治理体系。通过加强农村基层党组织建设，如向基层组织派驻第一书记、驻村工作队等形式，强化了基层党支部的战斗堡垒作用，改变了近些年基层党组织软弱、涣散等问题，发挥了农村党员先锋模范作用。通过加强基层党员干部的教育和管理，使用现代化技术手段来治理乡村，如将互联网、大数据等融入乡村治理工作中来，形成常态化的教育培训模式，从而有效提升了党员干部的治理能力和治理水平。基层党组织通过采用乡村治理与服务群众相结合的方式，如从群众最关注、最迫切的要求开始着手，为国家与社会在实施乡村振兴战略过程中扫除最基本、最零星也是最重要的障碍，最终实现乡村善治的目标。

坚持自治为基，加强农村群众性自治组织建设，健全和创新村党组织领导的充满活力的村民自治机制。做好村委会换届选举工作，推动村党组织书记通过选举担任村委会主任。发挥自治章程、村规民约的积极作用。充分发挥乡镇纪检组织监察职能，全面建立健全村务监督委员会，推行村级事务阳光工程。依托村民会议、村民代表会议、村民议事会、村民理事会、村民监事会等，形成民事民议、民事民办、民事民管的多层次基层协商格局。

首先，面对乡村治理面临的复杂局面，更加重视乡村自治在治理过程中的基础作用。在乡村自治的过程中，最重要的是让村民充分参与到乡村的各种公共事务中来，以充分体现其“主人翁”的角色。但是从传统乡村发展特征来看，调动村民参与乡村事务的积极性是一个难题，并且在调动积极性以后形成整个村庄一个长效的自治机制又是一大难题。这就需要，第一，从村民自治机制上下功夫，让每一个村民都清楚自己在乡村中的角色，并能够根据自己的角色去完成相应的责任。一旦权利和责任明确了以后，村委会、村支部、村民议事会等乡村自治组织就能够充分发挥作用，通过把村民自主决定的事项下放或回归给农民的高效、迅速的方式达到乡村治理的效果。从而在真正实现“权力下移”的同时，“事务下移”的目的也达到了，改变了传统所有乡村事务都由村委会、村支部完成的状况。第二，离不开人才制度的创新，建立较好的人才机制，让人才和“能人”来参与甚至主导乡村治理过程，并且鼓励大学生回乡服务和加大大学生村官选调力度，促进专业人才下沉乡村的机制，让人才留下来并留得住。第三，充分发挥宗族、乡贤的作用。在村民中往往乡贤和宗族长老都具有强烈的家乡观念，最为关心和热爱自己的乡村。同时，这个群体也是在村民中具有较高的权威性、影响力和凝聚力的群体。在乡村治理中，不但能够自己参与到各种事务中来，而且能够有力地调动更多的人力和资源，让其他村民紧随其步伐主动参与到乡村自治中来。

其次，乡村治理离不开相应的法治建设，并且要以法治作为治理的准绳。乡村治理和乡村自治最大的前提是遵守法律，因此治理行为必不可少的就是相关法治的建设以及对于国家已有法制体系的遵循。第一是在已有法制的基础之上，建章立制，建立具有本地特色的村规民约、公共秩序等，并在治理中起到相当的权威作用。但村规民约、公共秩序并不是一个人或某几个人独自完成的，而是在邀请村民积极参与、广泛收集民意、总结实际经验、结合本地特色制定出来的。如此一来，这些村规民约和村民的现实生活更加贴合，更加体现村民意愿，可在学习法制和践行法制的过程中，实现乡村自治。第二是乡村的法治教育必不可少。这需要将法律条文以更加具体化、本土化、通俗化的方式在乡村展开推广和教育，让村民了解法律、服从法律、敬畏法律、遵守法律。利用这种方式，使村民逐渐摒弃传统不良的生活方式和风俗习惯，让乡村治理过程中的法律准绳凸显出来。第三是建立完善的村民监督制度，让村民参与乡村治理的同时，也要有民主监督的权利。乡村治理的进行既要开端，又要结果。乡村治理各种活动开展需要一个透明的全过程，既接受了村民的监督和评议，又完善了监督和维权的渠道。

自 2017 年以来，福建省宁德市蕉城区城南镇古溪村组织机关党员、志愿者深入古溪片区开展法治宣传教育、环境卫生整治、交通秩序维护和慰问帮扶等活动共 120 多人次，营造浓厚文明的工作氛围。不但进行了村内的基础设施改造，还改造了古溪农贸市场雨棚和村内卫生公厕，并联合城区交警中队，对违法现象一一进行了整治。基础投入的加大和设施的不断完善，极大地方便了群众的出行和日常生活，切实增强了村民获得感、幸福感和安全感

再次，无论是村民自治，还是法治基础的建设，必不可少的是德治的辅助。乡村更加体现了中国特有的熟人社会，发掘熟人社会所蕴含的道德规范，利用道德建设来辅助乡村治理的全过程具有显著作用。乡村的熟人关系包含了亲情、友情、乡情等各种个人或家族的联系，这些联系是乡村德治的重要因素。第一是充分发挥宗族、乡绅在乡村德治中的作用。

对宗族、乡绅群体来讲，他们最重视伦理道德、礼俗家风、纲常秩序、宗法族规等道德规范，乡村中的秩序稳定，也往往依靠这些。发挥他们道德层面的威信，让他们在乡村治理中起到榜样与典范的作用，有助于其他村民的效仿和学习，将乡村自治、法治和德治有效结合。第二是道德标准的创新。传统村规族规、纲常秩序偶尔会存在封建思想在其中，这就有必要对其进行创新与发展。通过弘扬中华优秀传统文化，发挥勤俭持家、尊老爱幼、重义守信等一系列传统道德规范的积极作用，能够引导村民树立新时代的新标准，践行新时期乡村社会主义核心价值观，并形成良好的生活习惯和行为方式。第三是道德规范也需要监督和激励。制定具有本地特色的道德规范体系，就必然需要收集广大村民的民意并在此基础上制定顺应民意且切实可行的监督和评议机制，从而形成一套完善的正式的规范的书面道德规范评议体系。

在打破乡村治理主体多元化特征的局面和困境的路径上，福建在采取乡村治理方式上更加重视自治、法治和德治相结合的方式，将三种治理方式有机结合，形成了自治为基础、法治为手段、德治为辅助方式的乡村治理新特征，并且取得较好的治理成果。在乡村治理过程中，自治、法治、德治的有效结合充分发挥了治理主体的优势，并在乡村治理多元化背景下构建起乡村治理方式的长效机制。但是，针对各地不同乡村的不同现状，需要考虑不同的经济发展和文化底蕴的差异，选择适合自身的治理体系。

三、乡村组织建设作用大

提升乡村德治水平。深入挖掘乡村熟人社会蕴含的道德规范，结合时代要求进行创新，强化道德教化作用，引导农民向上向善、孝老爱亲、重义守信、勤俭持家。建立道德激励约束机制，开展农村道德评议活动，促进家庭和睦、邻里和谐、干群融洽。广泛开展好媳妇、好儿女、好公婆等评选表彰活动，开展寻找最美乡村教师、医生、村官、家庭等活动。深入宣传道德模范、身边好人的典型事迹，弘扬真善美，传播正能量。

——摘自摘自中共福建省委 福建省人民政府印发《关于实施乡村振兴战略的实施意见》

近年来，福建省龙岩市新罗区小池镇培斜村深入开展以“红土先锋”为主题的创先争优活动，围绕“产业发展二带三、新村建设好又快”的发展思路，积极推广“公司+农户+支部+合作社”发展模式，先后创建了培斜农民创业园、茶文化研发推广中心，并进一步发展生态旅游产业。基于此，培斜村先后荣获“全国文明村”“中国特色村”“中国淘宝村”“全国妇联基层组织建设示范村”“全国人口计划生育群众自治示范村居”“全省农村家园清洁行动示范村”“全省新农村建设百村示范联系点”“省级生态村”等荣誉称号；村党支部也多次被省、市、区委授予“先进基层党组织”“先进党支部”等荣誉称号。图为培斜村旅游产业中的滑草场

基层党组织的“党建+”工程对促进乡村全面振兴起到了巨大的作用。“党建+”工程创新了党建工作方法，将“党建+产业发展”“党建+乡村治理”“党建+乡风建设”等密切结合起来，从具体实践上让党组织充分发挥作用。培斜村支部书记华锦先曾说：“村子富不富，关键看支部；支部强不强，关键看头羊。”通过一边进行支部党组织的建设，另一边将支部工作与乡村的具体工作结合起来，既起到了服务与带头作用，又起到了监督与管理的作用。正是通过这种方式，华锦先带领全村不断地抢

抓机遇，推进产业优化升级，既发展了竹茶产业，还不断地开发乡村旅游、电子商务，从而走出了一条“支部谋发展、党员争示范、群众齐参与”的党建富民强村之路。

为推进抓党建促脱贫攻坚、促乡村振兴，更好地发挥金融助力脱贫攻坚和乡村振兴的积极作用，提升农村、社区金融服务水平，福建省上杭县启动了“党建+金融助理驻百村”的工程。上杭农商银行将选派100名金融助理到全县100个集体经济薄弱村、社区和乡村振兴示范村，挂职担任村党支部书记或村委会主任金融助理，积极开展农村（社区）金融政策宣传，提供金融帮扶和金融助农服务，切实提升农村、社区的金融服务水平。

在面对乡村空心化、农民个体化、组织松散化等乡村治理过程中遭遇的困境时，更应该重视基层党组织对乡村社会自下而上的内生性自治组织的培育。“党建+”村民自治工程，既整合了现代乡贤和宗族组织，凝聚了村民力量，又重构了乡村社会伦理，最终助力乡村治理的和谐有序进行。尤其要发挥社会组织的作用，使社会组织成为乡村社会发展的有力助手，为经济发展助力。“党建+”工程首要条件就是要建立在对基层党组织与农村优劣势全面深入了解的基础之上，继而找到农村基层党组织与农村产业发展、乡风建设、乡村治理等各方面的最佳结合点。如在产业发展方面，一方面做好新老产业的服务工作，另一方面要充分根据本地特色为产业发展注入新活力，同时还要通过支部力量为本地实现招商引资培育新产业，多管齐下实现党建与产业发展的高度融合，推动产业兴旺和农民增收。

2016年以来，福建泉州洛江区罗溪镇党委围绕建设“生态宜居幸福罗溪”，坚持以人民为中心，树立问题导向，聚焦乡村治理和发展难题，以党群圆桌会为抓手，最大化发挥支部和党员作用，探索构建多方位、立体化的“1+1+S”末梢治理党建同心圆模式，有效激活了乡村治理的神经末梢。罗溪镇新东村在这种模式引领下，整合了全村的土地，社会经济得以大幅提升，村民也在其中获益良多。一个个项目、产业在这种模式的孵化下不断落地，新东村面貌一天一个样，从之前的排名倒数，一跃成为罗溪镇实力前三。

村民自治是中国特色社会主义制度的重要内容，也是乡村治理的主要内容。在新时代，乡村的政治、经济、社会、文化等各方面都发生了深刻变化，进一步加强村民自治管理体系的建设，提升村民的自我管理、自我服务水平，是整合乡村治理资源的一个重要途径。如在乡村治理方面，农村党支部在其中无疑起到了带头与领导作用，在调动村民参与乡村治理、推动村民自治方面也具有不可推卸的责任。泉州市的罗溪镇先后在新东村、红四村、建兴村和广桥村建立了由党员、小组长、村民代表、各类人才组成的党群圆桌会，形成“1 个支部+1 个党群圆桌会议事制度+社会力量”的“1+1+S”同心圆模式，创新了社会管理，加强了基层政权建设，拓宽了群众诉求渠道。其同心圆模式已经在多个村子推广。

“党建+”工程可以创造出来更多的财富与奇迹。小池村党支部为了激励更多年轻人加入电商创业队伍，不但村支部牵头整合竹席、茶叶实体店和网购店，并且“真金白银”地投入培育、扶持电商产业，促成了 2016 年营业额超亿元的商业成果。显然，如果没有基层党组织在其中发挥作用，是无法拿到这个成绩的。“党建+”产业发展的理念，使传统农业开始逐渐“拥抱”互联网，变得越来越“洋气”，这种全新的方式激发出农业的“新动能”，得到了更多的回报。伴随着互联网与农业的深入结合，农村务工返乡人员和回乡创业的大学生越来越多，各种新的思想、新的理念相互碰撞出了众多的新业态，为大批年轻人创造了更多的创业和就业机会。“党建+”村容村貌整治，以基层党支部为载体，以文化建设为核心，以村民为主体，以提升村民文化素质为目标，通过“党旗引领+文化惠民”的方式，开展民众喜闻乐见的文娱活动，定能提高村民的文化认同和文明素养。

结语 “面子”“里子”都重要

早在1974年第一届世界粮食大会上，有些专家就曾预测过：中国“由于人多地少等原因，绝无可能养活10亿人口”。但当前的中国以强大的实力证明了中国不但能够自给自足，谷物自给率超过95%，而且人均粮食占有量超过了世界平均水平的37%。无疑，这与中国始终坚持保障的“三农”发展密不可分。解决好“三农”问题是整个国家稳定的基石，是治国安民、保障安全、济世安邦的基础所在。中国人的农业、农村、农民是稳定的，中国人的饭碗中装满了优质的中国粮，不仅是中国一个国家的福祉，还为维护世界粮食安全贡献了重要的、积极的力量。

为世界乡村建设贡献中国智慧

相对其他国家而言，中国人均耕地面积过小，乡村人口严重过剩，是一个后发工业化国家。正是由于工业化和城市化发展过快，导致了如今中国乡村发展滞后、水平低下等原因。要缩小城乡差距，中国的乡村振兴离不开工业化、城市化的带动，脱离城市化和工业化的乡村振兴是不现实的，也是缺乏可行性的。中国具有深厚的优秀传统文化，乡村的乡贤文化也是其中一个重要的组成部分。面对中国乡村人口过度流失、空心化、田地抛荒、弃耕严重等现状，究其根本可能在于城乡基础设施、公共服务建设的差距过大。这就需要政府层面的介入来解决城乡之间巨大的差距问题，而问题的解决也必然离不开政府对乡村，尤其是广大的丘陵、山区等耕地地区进行大量投资。单靠乡村集体财务来投资和运转，是绝对不可能达到效果的，亦即政府政策倾斜性为乡村振兴奠定了基本服务条件。经济全球化与城镇化进程的加快，乡村问题日益严峻，成为全球性的事关人类福祉和可持续发展的重要论题。2017 年 10 月 18 日，习近平总书记在党的十九大报告中明确提出了乡村振兴战略。战略的提出，正是为了应对中国的乡村衰退问题，同时这也是一个全球共同面临的挑战。乡村振兴战略的提出和实践，必然会为全球农村发展方式的探索贡献中国智慧。

为中国的农业文明重新拾起尊严

离开农村，城市是无法继续运转下去的。城市与乡村之间存在着密切的人口流动、就业渠道、文化交流等联系，两者之间已经形成了一个有机共同体，无法分割。因此，两者都必须可持续发展，才能相互促进、相互支撑。中国的农村人口数量巨大，没有这一规模庞大的人口富裕和强大起来，中国就不会实现现代化的目标。目前，中国与世界发达国家之间最大的差距并非城市，尤其是东部沿海城市，而是广大的农村逐渐凸显出来的这一短板。乡村振兴战略的提出本质上就是帮助农村补齐这一短板，在农业产业发展、农村人居环境、农村文化建设、乡村治理层面以及农民生活富裕方面提出了明确的目标。很显然，补齐这个短板也就意味着农业文明从此拾回了尊严。当现代化的科学技术与传统的乡村生活深入结合以后，一代一代、一批一批的新农人将开始习惯与土地的细水长流。在静谧安详的乡村生活中，中国农民必然最终将收获安宁、温暖、舒适、富裕、满足的乡村生活。

为广大农民带来更加美好的生活

在欧美发达国家，环境越优美的乡村越成为人们追求现代生活的标志和象征，相应地区农民的生活品质也远远高于城市居民。而在中国，不仅城市，还有农村，存在的根深蒂固的教育理念就是“远离农村、远离农业”。即便是有些大学生想要回到家乡创业就业，生活在乡村的父母也是断然不同意的。在传统农民的眼中，儿女只有走出农村、走进城市，甚至高官厚禄，那才是有所成就、光宗耀祖。党的十九大提出乡村振兴战略，并非单纯的经济发展战略，更加体现了一种新的发展思维和发展理念。从本质上来看，这种发展思维是促进中国社会全面、平衡、充分发展的新思维。这种新思维、新发展理念将会使未来的中国乡村逐渐向一些发达国家的乡村发展方向和效果靠拢，乡村未来也会成为很多优渥家庭工作日在城市中忙碌，喧嚣后于周末回来享受宁静生活的场所。在未来的乡村，不但生态环境质量远远超过城市，甚至人们的收入要高于城市，诊所、图书馆、幼儿园等生活设施和基本保障等也都不逊于城市。

后　记

农业农村农民这“三农”问题是关系国计民生的根本性问题，乡村振兴战略是解决“三农”问题、全面激活农村发展新活力的重大战略。随着本书的完成，乡村振兴战略的宏伟蓝图愈加深深印刻在我的脑海。在本书的写作过程中，多方的支持使我感触良多，在此，本人真诚地向给予帮助的所有人表示深深的感谢！

感谢中国广大农村，以及在这片土地上生活的亿万农民。中国的改革是从农村开始的，农村改革进而推动了城市改革，带动了整个国家的改革。“任何时候都不能忽视农业、忘记农民、淡漠农村”。感谢中国亿万农民的奉献，是你们用辛劳和汗水守护和传承中华民族的文明之根，用乡愁情感抚慰了人们的“心”。

感谢龙岩学院马克思主义学院吴珍平等老师的鼎力协助，助力本书顺利完成。在收集乡村振兴相关资料的过程中，我结识了许多的良师益友。尤其是李艺爽、郭玲等几位摄影师，为本书提供了大量的摄影作品，才使书本得以顺利完成、图文并茂。谨在此向各位致以最衷心的感谢！

由于本人的能力及水平有限，书中难免存在一些纰漏，欢迎有缘接触到本书的各位读者多提宝贵意见！